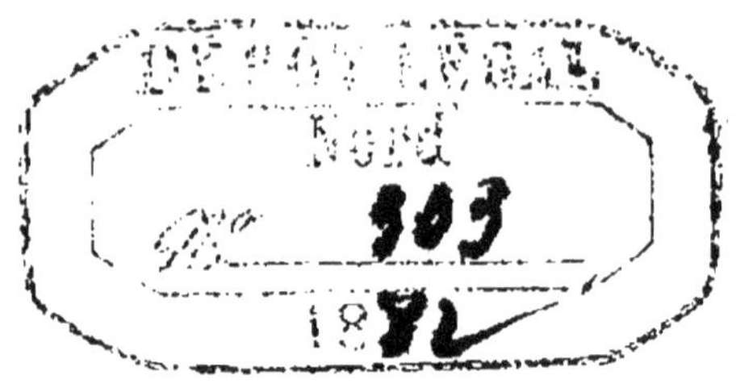

COMÉDIES

ARRANGÉES POUR JEUNES GENS

IV

Douai (Nord). — Imprimerie L. Dechristé.

COMÉDIES

ARRANGÉES

POUR ÊTRE JOUÉES PAR DES JEUNES GENS

PAR

A. CHAILLOT

Les Plaideurs, par Racine.
Le Joueur, par Régnard.
L'Avocat Patelin, par Brueys & Palaprat.

PARIS
SARLIT ET Cie, LIBRAIRES-ÉDITEURS
19, Rue de Tournon, 19

— 1882 —

LES PLAIDEURS

PAR J. RACINE

PERSONNAGES :

DANDIN, juge.
LÉANDRE, fils de Dandin.
CHICANEAU, bourgeois.
LE COMTE DE PIMBESCHE.
PETIT-JEAN, portier.
L'INTIMÉ, secrétaire.
LE SOUFFLEUR.

(La scène est dans une ville de Basse-Normandie).

ACTE PREMIER.

SCÈNE I.

PETIT-JEAN, *traînant un gros sac de procès.*

Ma foi sur l'avenir bien fou qui se fira.
Tel qui rit vendredi, dimanche pleurera.
Un juge, l'an passé, me prit à son service ;
Il m'avait fait venir d'Amiens pour être suisse.
Tous ces Normands voulaient se divertir de nous ;
On apprend à hurler, dit l'autre, avec les loups.
Tout Picard que j'étais, j'étais un bon apôtre,
Et je faisais claquer mon fouet tout comme un autre.

Tous les plus gros monsieurs me parlaient chapeau ba
Monsieur de Petit-Jean, ah ! gros comme le bras.
Mais sans argent l'honneur n'est qu'une maladie.
Ma foi ! j'étais un franc portier de comédie :
On avait beau heurter et m'ôter son chapeau,
On n'entrait point chez nous sans graisser le marteau
Point d'argent, point de suisse et ma porte était close
Il est vrai qu'à monsieur j'en rendais quelque chose
Nous comptions quelquefois. On me donnait le soin
De fournir la maison de chandelle et de foin.
Mais je n'y perdais rien. Enfin, vaille que vaille,
J'aurais sur le marché fort bien fourni la paille.
C'est dommage : il avait le cœur trop au métier ;
Tous les jours le premier aux plaids et le dernier ;
Et bien souvent tout seul, si l'on l'eût voulu croire,
Il s'y serait couché sans manger et sans boire.
Je lui disais parfois : Monsieur Perrin Dandin,
Tout franc, vous vous levez tous les jours trop matin.
Qui veut voyager loin ménage sa monture ;
Buvez, mangez, dormez, et faisons feu qui dure.
Il n'en a tenu compte. Il a si bien veillé
Et si bien fait, qu'on dit que son timbre est brouillé.
Il nous veut tous juger les uns après les autres.
Il marmotte toujours certaines patenôtres
Où je ne comprends rien. Il veut bon gré, mal gré,
Ne se coucher qu'en robe et qu'en bonnet carré.
Il fit couper la tête à son coq, de colère,
Pour l'avoir éveillé plus tard qu'à l'ordinaire ;
Il disait qu'un plaideur dont l'affaire allait mal
Avait graissé la patte à ce pauvre animal.

Depuis ce bel arrêt, le pauvre homme a beau faire,
Son fils ne souffre plus qu'on lui parle d'affaire.
Il nous le fait garder jour et nuit et de près :
Autrement, serviteur, et mon homme est aux plaids.
Pour s'échapper de nous, Dieu sait s'il est allègre.
Pour moi, je ne dors plus : aussi je deviens maigre,
C'est pitié. Je m'étends, et ne fais que bâiller,
Mais, veille qui voudra, voici mon oreiller.
Ma foi ! pour cette nuit il faut que je m'en donne.
Pour dormir dans la rue on n'offense personne.
Dormons.

(Il se couche par terre.)

SCÈNE II.

L'INTIMÉ, PETIT-JEAN

L'INTIMÉ.

Hé, Petit-Jean ! Petit-Jean !

PETIT-JEAN.

L'Intimé !

(A part.)

Il a déjà bien peur de me voir enrhumé.

L'INTIMÉ.

Que diable ! si matin que fais-tu dans la rue ?

PETIT-JEAN.

Est-ce qu'il faut toujours faire le pied de grue,
Garder toujours un homme, et l'entendre crier ?
Quelle gueule ! Pour moi je crois qu'il est sorcier.

L'INTIMÉ.

Bon !

PETIT-JEAN.

Je lui disais donc en me grattant la tête,
Que je voulais dormir : « Présente ta requête
« Comme tu veux dormir, » m'a-t-il dit gravement.
Je dors en te contant la chose seulement.
Bon soir.

L'INTIMÉ.

Comment, bon soir ? Que le diable m'emporte
Si... Mais j'entends du bruit au-dessus de la porte.

SCÈNE III.

DANDIN, L'INTIMÉ, PETIT-JEAN.

DANDIN, *à la fenêtre.*

Petit-Jean ! l'Intimé !

L'INTIMÉ, *à Petit-Jean.*

Paix.

DANDIN.

Je suis seul ici.
Voilà mes guichetiers en défaut, dieu merci.
Si je leur donne temps, ils pourront comparaître ;
Ça, pour nous élargir, sautons par la fenêtre.
Hors de cour.

L'INTIMÉ.

Comme il saute !

PETIT-JEAN.

O monsieur, je vous tien.

DANDIN.

Au voleur! au voleur!

PETIT-JEAN.

Oh! nous vous tenons bien.

L'INTIMÉ.

Vous avez beau crier.

DANDIN.

Main forte! l'on me tue!

SCÈNE IV.

LÉANDRE, DANDIN, L'INTIMÉ, PETIT-JEAN.

LÉANDRE.

Vite un flambeau! j'entends mon père dans la rue.
Mon père, si matin qui vous fait déloger?
Où courez-vous la nuit?

DANDIN.

Je veux aller juger.

LÉANDRE.

Et qui juger? tout dort.

PETIT-JEAN.

Ma foi! je ne dors guères.

LÉANDRE.

Que de sacs! il en a jusques aux jarretières.

DANDIN.

Je ne veux de trois mois rentrer dans la maison.
De sacs et de procès j'ai fait provision.

LÉANDRE.

Et qui vous nourrira ?

DANDIN.

Le buvetier, je pense.

Mais où dormirez-vous, mon père ?

DANDIN.

A l'audience.

LÉANDRE.

Non, mon père, il vaut mieux que vous ne sortiez pas.
Dormez chez vous, chez vous faites tous vos repas.
Souffrez que la raison enfin vous persuade :
Et pour votre santé...

DANDIN.

Je veux être malade.

LÉANDRE.

Vous ne l'êtes que trop. Donnez-vous du repos,
Vous n'avez tantôt plus que la peau sur les os.

DANDIN.

Du repos ? Ah ! sur toi tu veux régler ton père ?
Crois-tu qu'un juge n'ait qu'à faire bonne chère,
Qu'à battre le pavé comme un tas de galants,
Courir le bal la nuit, et le jour les brelans ?
L'argent ne nous vient pas si vite que l'on pense.
Chacun de tes rubans me coûte une sentence.
Ma robe vous fait honte. Un fils de juge ! ah ! fi !
Tu fais le gentilhomme : hé ! Dandin, mon ami,
Regarde dans ma chambre et dans ma garde-robe
Les portraits des Dandin : tous ont porté la robe,

Et c'est le bon parti. Compare prix pour prix.
Les étrennes d'un juge à celle d'un marquis :
Attends que nous soyons à la fin de décembre.
Qu'est-ce qu'un gentilhomme ? Un pilier d'antichambre.
Combien en as-tu vu, je dis des plus huppés,
A souffler dans leurs doigts dans ma cour occupés,
Le manteau sur le nez, ou la main dans la poche,
Enfin pour se chauffer, venir tourner ma broche,
Voilà comme on les traite. Hé ! mon pauvre garçon,
De ta défunte mère est-ce là la leçon ?
La pauvre Babonnette ! Hélas ! lorsque j'y pense,
Elle ne manquait pas une seule audience.
Jamais, au grand jamais, elle ne me quitta,
Et Dieu sait bien souvent ce qu'elle en rapporta :
Elle eût du buvetier emporté les serviettes,
Plutôt que de rentrer au logis les mains nettes.
Et voilà comme on fait les bonnes maisons. Va,
Tu ne seras qu'un sot.

LÉANDRE.

Vous vous morfondez là,
Mon père. Petit-Jean, remenez votre maître,
Couchez-le dans son lit ; fermez porte, fenêtre ;
Qu'on barricade tout, afin qu'il ait plus chaud.

PETIT-JEAN.

Faites donc mettre au moins des gardes-fous là-haut.

DANDIN.

Quoi ! l'on me mènera coucher sans autre forme ?
Obtenez un arrêt comme il faut que je dorme.

LÉANDRE.

Hé ! par provision, mon père, couchez-vous.

DANDIN.

J'irai ; mais je m'en vais vous faire enrager tous :
Je ne dormirai point.

LÉANDRE.

Eh ! Petit-Jean, s'il crie,
Empêchez seulement qu'il ne sorte.

SCÈNE V.

CHICANEAU, PETIT-JEAN.

CHICANEAU, *allant et revenant.*

La Brie,
Qu'on garde la maison, je reviendrai bientôt.
Qu'on ne laisse monter aucune âme là-haut.
Fais porter cette lettre à la poste du Maine.
Prends-moi dans mon clapier trois lapins de garenne,
Et chez mon procureur porte-les ce matin.
Si son clerc vient céans, fais-lui goûter mon vin.
Ah ! donne-lui ce sac qui pend à ma fenêtre.
Est-ce tout ? Il viendra me demander peut-être
Un grand homme sec, là, qui me sert de témoin,
Et qui jure pour moi lorsque j'en ai besoin :
Qu'il m'attende. Je crains que mon juge ne sorte :
Quatre heures vont sonner. Mais frappons à sa porte.

PETIT-JEAN, *entr'ouvrant la porte.*

Qui va là ?

CHICANEAU.

Peut-on voir monsieur ?

PETIT-JEAN, *fermant la porte.*

Non.

CHICANEAU, *frappant à la porte.*

Pourrait-on
Dire un mot à monsieur son secrétaire ?

PETIT-JEAN, *fermant la porte.*

Non.

CHICANEAU, *frappant à la porte.*

Et monsieur son portier ?

PETIT-JEAN.

C'est moi-même.

CHICANEAU.

De grâce,
Buvez à ma santé, monsieur.

PETIT-JEAN, *prenant l'argent.*

Grand bien vous fasse !
(fermant la porte.)
Mais revenez demain.

CHICANEAU.

Hé ! rendez donc l'argent.
Le monde est devenu, sans mentir, bien méchant.
J'ai vu que les procès ne donnaient point de peine ;
Six écus en gagnaient une demi-douzaine.
Mais aujourd'hui, je crois que tout mon bien entier
Ne me suffirait pas pour gagner un portier.
Mais j'aperçois venir ici monsieur le comte
De Pimbesche, qui veut une sentence prompte.

SCÈNE VI.

LE COMTE, CHICANEAU.

CHICANEAU.

Monsieur, on n'entre plus.

LE COMTE.

Hé bien ! l'ai-je pas dit ?
Sans mentir, mes valets me font perdre l'esprit.
Pour les faire lever c'est en vain que je gronde ;
Il faut que tous les jours j'éveille tout le monde.

CHICANEAU.

Il faut absolument qu'il se fasse céler.

LE COMTE.

Pour moi depuis deux jours je ne lui puis parler.

CHICANEAU.

Ma partie est puissante, et j'ai lieu de tout craindre.

LE COMTE.

Après ce qu'on m'a fait, il ne faut plus se plaindre.

CHICANEAU.

Si pourtant j'ai bon droit.

LE COMTE.

Ah, monsieur ! quel arrêt !

CHICANEAU.

Je m'en rapporte à vous. Écoutez s'il vous plaît.

LE COMTE.

Il faut que vous sachiez, monsieur, le perfide...

CHICANEAU.

Ce n'est rien dans le fond.

LE COMTE.

Monsieur, que je vous dise...

CHICANEAU.

Voici le fait. Depuis ou quinze vingt ans en ça,
Au travers d'un mien pré certain ânon passa,
S'y vautra, non sans faire un notable dommage,
Dont je formai ma plainte au juge du village.
Je fais saisir l'ânon. Un expert est nommé;
Enfin, au bout d'un an, sentence par laquelle
Nous sommes envoyés hors de cour. J'en appelle
Pendant qu'à l'audience on poursuit un arrêt,
Remarquez bien ceci, cher monsieur, s'il vous plaît;
Notre ami Drolichon, qui n'est pas une bête,
Obtient pour quelque argent un arrêt sur requête;
Et je gagne ma cause. A cela que fait-on?
Mon chicaneur s'oppose à l'exécution.
Autre accident; tandis qu'au procès on travaille,
Ma partie en mon pré laisse aller sa volaille.
Ordonné qu'il sera fait rapport à la cour
Du foin que peut manger une poule en un jour:
Le tout joint au procès. Enfin, et toute chose
Demeurant en état, on appointe la cause
Le cinquième ou sixième avril cinquante-six.
J'écris sur nouveaux frais. Je produis, je fournis
De dits, de contredits, enquêtes, compulsoires,
Rapports d'experts, transports, trois interlocutoires,
Griefs et frais nouveaux, baux et procès-verbaux.

J'obtiens lettres royaux, et je m'inscris en faux.
Quatorze appointements, trente emplois, six instances,
Six vingt productions, vingt arrêts de défenses,
Arrêt enfin. Je perds ma cause avec dépens,
Estimés environ cinq à six mille francs.
Est-ce là faire droit? est-ce là comme on juge?
Après quinze ou vingt ans! Il me reste un refuge;
La requête civile est ouverte pour moi,
Je ne me suis rendu. Mais vous, comme je voi,
Vous plaidez!

LE COMTE.

Plût à Dieu!

CHICANEAU.

J'y brûlerai mes livres.

LE COMTE.

Je...

CHICANEAU.

Deux bottes de foin cinq à six mille livres!

LE COMTE.

Monsieur, tous mes procès allaient être finis:
Il ne m'en restait plus que quatre ou cinq petits,
L'un contre mon beau-fils, l'autre contre mon père,
Et contre mes enfants. Ah! monsieur! la misère!
Je ne sais quel biais ils ont imaginé;
Moyennant pension, les juges ont donné
Un arrêt par lequel, c'est ce qui m'humilie,
On me défend, monsieur, de plaider de ma vie.

CHICANEAU.

De plaider?

LE COMTE.

De plaider.

CHICANEAU.

Certes, le trait est noir.
J'en suis surpris.

LE COMTE.

Monsieur, j'en suis au désespoir.

CHICANEAU.

Comment! lier les mains aux gens de votre sorte!
Mais cette pension, monsieur, est-elle forte?

LE COMTE.

Je n'en vivrais, monsieur, que trop honnêtement.
Mais vivre sans plaider, est-ce contentement?

CHICANEAU.

Des chicaneurs viendront nous manger jusqu'à l'âme,
Et nous ne dirions mot? Mais ce serait infâme!
Depuis quand plaidez-vous?

LE COMTE.

Il ne m'en souvient pas.
Depuis trente ans au plus.

CHICANEAU.

Ce n'est pas trop.

LE COMTE.

Hélas!

CHICANEAU.

Et quel âge avez-vous? Vous avez bon visage.

LE COMTE.

Hé! quelque soixante ans.

CHICANEAU.

Comment ! c'est le bel âge
Pour plaider.

LE COMTE.

Laissez faire, ils ne sont pas au bout.
J'y vendrai ma chemise ; et je veux rien ou tout.

CHICANEAU.

Monsieur, écoutez-moi. Voici ce qu'il faut faire.

LE COMTE.

Oui, monsieur, je vous crois comme mon propre père.

CHICANEAU.

J'irais trouver mon juge.

LE COMTE.

Oh ! oui, monsieur, j'irai.

CHICANEAU.

Me jeter à ses pieds.

LE COMTE.

Oui, je m'y jetterai,
Je l'ai bien résolu.

CHICANEAU.

Mais daignez donc m'entendre.

LE COMTE.

Oui, vous prenez la chose ainsi qu'il la faut prendre.

CHICANEAU.

Avez-vous dit, monsieur !

LE COMTE.

Oui.

CHICANEAU.

J'irais sans façon
Trouver mon juge.

LE COMTE.

Hélas ! que ce monsieur est bon !

CHICANEAU.

Si vous parlez toujours, il faut que je me taise.

LE COMTE.

Ah ! que vous m'obligez ! Je ne me sens pas d'aise.

CHICANEAU.

J'irais trouver mon juge, et lui dirais...

LE COMTE.

Oui.

CHICANEAU.

Voi !
Et lui dirais, monsieur...

LE COMTE.

Oui, monsieur.

CHICANEAU.

Liez-moi.

LE COMTE.

Monsieur, je ne veux point que l'on me lie.

CHICANEAU.

A l'autre !

LE COMTE.

Je ne le serai point !

CHICANEAU.

Quelle humeur est la vôtre !

LE COMTE.

Non.

CHICANEAU.

Vous ne savez pas, monsieur, où je viendrai.

LE COMTE.

Je plaiderai, monsieur, ou bien je ne pourrai.

CHICANEAU.

Mais. .

LE COMTE.

Mais je ne veux point, monsieur, que l'on me lie.

CHICANEAU.

Enfin quand un plaideur en tête a sa folie...

LE COMTE.

Fou vous-même.

CHICANEAU.

Monsieur !

LE COMTE.

Et pourquoi me lier?

CHICANEAU.

Monsieur...

LE COMTE.

Le voyez-vous, il se rend familier.

CHICANEAU.

Mais, monsieur...

LE COMTE.

Un crasseux, qui n'a que sa chicane,

Veut donner des avis !

CHICANEAU.

Monsieur!

LE COMTE.

Avec son âne !

CHICANEAU.

Vous me poussez.

LE COMTE

Bon homme, allez garder vos foins.

CHICANEAU.

Vous m'excédez.

LE COMTE.

Le sot !

CHICANEAU.

Que n'ai-je des témoins !

SCÈNE VIII.

PETIT-JEAN, LE COMTE, CHICANEAU.

PETIT-JEAN.

Voyez le beau sabbat qu'ils font à notre porte.
Messieurs, allez plus loin tempêter de la sorte.

CHICANEAU.

Monsieur, soyez témoin...

LE COMTE.

Que Monsieur est un sot.

CHICANEAU.

Monsieur, vous l'entendez, retenez bien ce mot.

PETIT-JEAN, *au comte.*

Ah ! vous ne deviez pas lâcher cette parole.

LE COMTE.

Est-ce à lui de traiter ma conduite de folle ?

PETIT-JEAN, *à Chicaneau.*

Folle ! vous avez tort, pourquoi l'injurier ?

CHICANEAU.

On le conseille.

PETIT-JEAN.

Oh !

LE COMTE.

Oui, de me faire lier.

PETIT-JEAN.

Oh ! monsieur !

CHICANEAU.

Jusqu'au bout il faut bien qu'il m'écoute.

PETIT-JEAN, *au comte.*

Monsieur !

LE COMTE.

Qui ? moi, souffrir de ma raison qu'on doute ?

CHICANEAU.

Un crieur !

PETIT-JEAN.

Allons ! paix !

LE COMTE.

Un chicaneur !

PETIT-JEAN.

Holà !

CHICANEAU.

Qui n'ose plus plaider !

LE COMTE.

Que t'importe cela ?
Qu'est-ce qui t'en revient, faussaire abominable,
Brouillon, voleur ?

CHICANEAU.

Et bon, et bon, de par le diable :
Un sergent ! un sergent !

LE COMTE.

Un huissier ! un huissier !

PETIT-JEAN, *seul.*

Ma foi, juge et plaideurs, il faudrait tout lier.

FIN DU PREMIER ACTE.

ACTE SECOND.

SCÈNE I.

LÉANDRE, L'INTIMÉ.

L'INTIMÉ.

Monsieur, encore un coup, je ne peux pas tout faire ;
Puisque je fais l'huissier, faites le commissaire.
En robe, sur mes pas, il ne faut que venir.
Vous aurez tout moyen de vous entretenir.

Changez en cheveux noirs votre perruque blonde.
Ces plaideurs songent-ils que vous soyez au monde?
Hé! lorsqu'à votre père ils vont faire leur cour,
A peine seulement savez-vous s'il est jour.
Mais vous ne dites rien de tout mon équipage?
Ai-je bien d'un sergent le port et le visage?
Le comte, en me voyant, donnant dans le panneau
Me charge d'un exploit pour Monsieur Chicaneau,
Et le fait assigner pour certaine parole
Par laquelle il taxait sa conduite de folle.

LÉANDRE.

Ah! fort bien.

L'INTIMÉ.

Je ne sais, mais je me sens enfin
L'âme et le dos six fois plus durs que ce matin.

SCÈNE II.

CHICANEAU, L'INTIMÉ.

CHICANEAU.

Oui, je suis donc un sot, un voleur, à son compte!
Je serais bien fâché qu'il eût la main plus prompte.
Un sergent s'est chargé de le remercier
Et je lui vais servir un plat de mon métier.
(A l'Intimé qui lui remet son exploit.)
Mais je ne sais pourquoi, plus je vous envisage,
Et moins je me remets, monsieur, votre visage.
Je connais force huissiers.

L'INTIMÉ.

Informez-vous de moi.
Je m'acquitte assez bien de mon petit emploi.

CHICANEAU.

Soit. Pour qui venez-vous ?

L'INTIMÉ.

Pour un homme honorable,
Monsieur, qui vous respecte, et croit indispensable
Que vous veniez sans faute, à ma sommation,
Lui faire un petit mot de réparation.

CHICANEAU.

De réparation ? Je n'ai blessé personne.

L'INTIMÉ.

Je le crois ; vous avez, monsieur, l'âme trop bonne.

CHICANEAU.

Que demandez-vous donc ?

L'INTIMÉ.

Il désire, monsieur,
Que devant des témoins vous lui fassiez l'honneur
D'avouer sans détour et par pièce probante
Que sa conduite est sage et point extravagante.

CHICANEAU.

Parbleu ! c'est mon comte.

L'INTIMÉ.

Ah ! vous êtes obligeant,
Monsieur.

CHICANEAU.

Oui, vous pouvez l'assurer qu'un sergent
Lui doit porter pour moi tout ce qu'il me demande.
Hé ! quoi donc, les battus, ma foi ! paieront l'amende !
Mais voyons ce qu'il chante. Hon... « Sixième janvier,
» Pour avoir faussement dit qu'il fallait lier,
» Étant à ce porté par esprit de chicane,
» Haut et puissant seigneur Yoland de Cusdane,
» Vicomte de Pimbesche, Orbesche, et cætera,
» Il soit dit que sur l'heure il se transportera
» Au logis du dit sieur ; et là, d'une voix claire,
» Devant quatre témoins assistés d'un notaire,
» ZESTE ! le dit Hiérôme avouera hautement
» Qu'il le tient pour sensé et de bon jugement.
» LE BON. » C'est donc le nom de votre seigneurie ?

L'INTIMÉ.

Pour vous servir. (*à part.*) Il faut payer d'effronterie.

CHICANEAU.

LE BON ! jamais exploit ne fut signé LE BON.
Monsieur Le Bon. .

L'INTIMÉ.

Monsieur.

CHICANEAU.

Vous êtes un fripon.

L'INTIMÉ.

Monsieur, pardonnez-moi, je suis fort honnête homme.

CHICANEAU.

Mais fripon le plus franc qui soit de Caen à Rome.

L'INTIMÉ.

Monsieur, je ne suis pas pour vous désavouer.
Vous aurez la bonté de me le bien payer.

CHICANEAU.

Moi, payer? en soufflets.

L'INTIMÉ.

Vous êtes trop honnête.
Vous me le paierez bien.

CHICANEAU.

Oh! tu me romps la tête.
Tiens, voilà ton paiement.

L'INTIMÉ.

Un soufflet! Écrivons.
« Lequel Hiérôme, après plusieurs rébellions,
» Aurait atteint, frappé, moi sergent à la joue,
» Et fait tomber du coup, mon chapeau dans la boue. »

CHICANEAU, *lui donnant un coup de pied.*

Ajoute cela.

L'INTIMÉ.

Bon, c'est de l'argent comptant;
J'en avais bien besoin. « Et, de ce non content,
» Aurait avec le pied réitéré. » Courage!
« Outre plus, le susdit serait venu, de rage,
» Pour lacérer ledit présent procès-verbal. »
Allons, mon cher monsieur, cela ne va pas mal.
Ne vous relâchez point.

CHICANEAU.

Coquin!

L'INTIMÉ.

Ne vous déplaise,
Quelque coup de bâton, et je suis à mon aise.

CHICANEAU, *tenant un bâton.*

Oui dà. Je verrai bien s'il est sergent.

L'INTIMÉ, *en posture d'écrire.*

Tôt donc,
Frappez. J'ai quatre enfants à nourrir.

CHICANEAU.

Ah! pardon!
Monsieur, pour un sergent je ne pouvais vous prendre.
Mais le plus habile homme enfin peut se méprendre.
Je saurai réparer ce soupçon outrageant.
Oui, vous êtes sergent, monsieur, et très sergent.
Touchez-là : vos pareils sont gens que je révère;
Et j'ai toujours été nourri par feu mon père
Dans la crainte de Dieu, monsieur, et des sergents.

L'INTIMÉ.

Non, à si bon marché l'on ne bat point les gens.

CHICANEAU.

Monsieur, point de procès.

L'INTIMÉ.

Serviteur. Contumace,
Bâton levé, soufflet, coup de pied. Ah!

CHICANEAU.

De grâce,
Rendez-les-moi plutôt.

L'INTIMÉ.

Suffit qu'ils soient reçus.
Je ne les voudrais pas donner pour mille écus.

SCÈNE III.

LÉANDRE, *en robe de commissaire*, CHICANEAU, L'INTIMÉ.

L'INTIMÉ.

Voici fort à propos monsieur le commissaire.
Monsieur, votre présence est ici nécessaire.
Tel que vous me voyez, monsieur ici présent
M'a d'un fort grand soufflet fait un petit présent.

LÉANDRE.

A vous, monsieur ?

L'INTIMÉ.

A moi, parlant à ma personne.
Item un coup de pied ; plus, les noms qu'il me donne.

LÉANDRE.

Avez-vous des témoins ?

L'INTIMÉ.

Monsieur, tâtez plutôt :
Le soufflet sur ma joue est encore tout chaud.

LÉANDRE.

Pris en flagrant-délit, affaire criminelle.

CHICANEAU.

Foin de moi !

LÉANDRE.

C'est un cas de révolte formelle.
Allons, monsieur, marchez.

CHICANEAU.

Où, monsieur ?

LÉANDRE.

Suivez-moi.

CHICANEAU.

Où donc ?

LÉANDRE.

Vous le saurez. Marchez, de par le roi.

CHICANEAU.

Comment !

SCÈNE IV.

LÉANDRE, CHICANEAU, PETIT-JEAN.

PETIT-JEAN.

Holà ! quelqu'un n'a-t-il point vu mon maître ?
Quel chemin a-t-il pris ? la porte ou la fenêtre ?

LÉANDRE.

A l'autre !

PETIT-JEAN.

Je ne sais qu'est devenu son fils ;
Et pour le père, il est où le diable l'a mis.
Il me redemandait sans cesse ses épices;
Et j'ai tout bonnement couru dans les offices
Chercher la boîte au poivre ; et lui, pendant cela,
Est disparu.

SCÈNE V.

DANDIN, *à une lucarne;* LÉANDRE, CHICANEAU, L'INTIMÉ, PETIT-JEAN.

DANDIN.

Paix! paix! que l'on se taise là.

LÉANDRE.

Hé! grand dieu!

PETIT-JEAN.

Le voilà, ma foi, dans les gouttières.

DANDIN.

Quelles gens êtes-vous? quelles sont vos affaires?
Qui sont ces gens en robe? Êtes-vous avocats?
Ça, parlez.

PETIT-JEAN.

Vous verrez qu'il va juger les chats.

DANDIN.

Avez-vous eu le soin de voir mon secrétaire?
Allez lui demander si je sais votre affaire.

LÉANDRE.

Il faut bien que je l'aille arracher de ces lieux.
Sur votre prisonnier, huissier, ayez les yeux.

PETIT-JEAN.

Ho, ho, monsieur!

LÉANDRE.

Tais-toi, sur les yeux de ta tête;
Et suis-moi.

SCÈNE VI.

LE COMTE, DANDIN, CHICANEAU, L'INTIMÉ.

DANDIN.

Dépêchez, donnez votre requête.

CHICANEAU.

Monsieur, sans votre aveu l'on me fait prisonnier.

LE COMTE.

Hé, mon dieu! j'aperçois monsieur dans son grenier.
Que fait-il là ?

L'INTIMÉ.

Monsieur, il y donne audience
Le champ vous est ouvert.

CHICANEAU.

On me fait violence,
Monsieur, on m'injurie, et je venais ici
Me plaindre à vous.

LE COMTE.

Monsieur, je viens me plaindre aussi.

CHICANEAU ET LE COMTE.

Vous voyez devant vous mon adverse partie.

L'INTIMÉ.

Parbleu ! je me veux mettre aussi de la partie.

CHICANEAU, LE COMTE, L'INTIMÉ.

Monsieur, je viens ici pour un petit exploit.

CHICANEAU.

Hé ! messieurs, tour à tour exposons notre droit.

LE COMTE.

Son droit? tout ce qu'il dit sont autant d'impostures.

DANDIN.

Qu'est-ce qu'on vous a fait?

CHICANEAU, LE COMTE, L'INTIMÉ.

On m'a dit des injures.

L'INTIMÉ, *continuant*.

Outre un soufflet, monsieur, que j'ai reçu plus qu'eux.

CHICANEAU.

Monsieur, je suis cousin de l'un de vos neveux.

LE COMTE.

Monsieur, père Cordon vous dira mon affaire.

L'INTIMÉ.

Monsieur, je suis le fils de votre apothicaire.

DANDIN.

Vos qualités?

LE COMTE.

Je suis un comte.

L'INTIMÉ.

Huissier.

CHICANEAU.

Bourgeois.

Messieurs....

DANDIN, *se retirant de la lucarne*.

Parlez toujours, je vous entends tous trois.

CHICANEAU.

Monsieur...

L'INTIMÉ.

Bon ! le voilà qui fausse compagnie.

LE COMTE.

Hélas !

CHICANEAU.

Hé quoi ! déjà l'audience est finie ?
Je n'ai pas eu le temps de lui dire deux mots.

SCÈNE XII.

LÉANDRE, *sans robe;* CHICANEAU, LE COMTE, L'INTIMÉ.

LÉANDRE.

Messieurs, voulez-vous bien nous laisser en repos ?

CHICANEAU.

Monsieur, peut-on entrer ?

LÉANDRE.

Non, monsieur, ou je meure.

CHICANEAU.

Hé ! pourquoi ? j'aurai fait en une petite heure,
En deux heures au plus.

LÉANDRE.

On n'entre point, monsieur.

LE COMTE.

C'est bien fait de fermer la porte à ce crieur.
Mais moi...

LÉANDRE.

L'on n'entre point, monsieur, je vous le jure.

LE COMTE.

Ho, monsieur, j'entrerai.

LÉANDRE.

Peut-être.

LE COMTE.

Chose sûre.

LÉANDRE.

Par la fenêtre donc.

LE COMTE.

Par la porte.

LÉANDRE.

Il faut voir.

CHICANEAU.

Quand je devrais ici demeurer jusqu'au soir.

SCÈNE VIII.

LÉANDRE, CHICANEAU, LE COMTE, L'INTIMÉ, PETIT-JEAN.

PETIT-JEAN, *à Léandre.*

On ne l'entendra pas, quelque chose qu'il fasse.
Parbleu! je l'ai fourré dans notre salle basse,
Tout auprès de la cave.

LÉANDRE.

En un mot, comme en cent,
On ne voit point mon père.

CHICANEAU.

Hé bien donc! si pourtant
Sur toute cette affaire il faut que je le voie...
(*Dandin paraît par le soupirail.*)
Mais que vois-je? Ah! c'est lui que le ciel nous renvoie.

LÉANDRE.

Quoi! par le soupirail!

PETIT-JEAN.

Il a le diable au corps.

CHICANEAU.

Monsieur...

DANDIN.

L'impertinent! sans lui j'étais dehors.

CHICANEAU.

Monsieur...

DANDIN.

Retirez-vous, vous êtes une bête.

CHICANEAU.

Monsieur, voulez-vous bien...

DANDIN.

Vous me rompez la tête.

CHICANEAU.

Monsieur, j'ai commandé...

DANDIN.

Taisez-vous, vous dit-on.

CHICANEAU.

Que l'on portât chez vous...

DANDIN.

Qu'on le mène en prison.

CHICANEAU.

Certain quartaut de vin.

DANDIN.

Hé ! je n'en ai que faire.

CHICANEAU.

C'est du très bon muscat.

DANDIN.

Redites votre affaire.

LÉANDRE, *à l'Intimé.*

Il faut les entourer ici de tous côtés.

LE COMTE.

Monsieur, il vous va dire autant de faussetés.

CHICANEAU.

Monsieur, je vous dis vrai.

DANDIN.

Mon Dieu ! laissez-le dire.

LE COMTE.

Monsieur, écoutez-moi.

DANDIN.

Souffrez que je respire.

CHICANEAU.

Monsieur...

DANDIN.

Vous m'étranglez.

LE COMTE.

Tournez les yeux vers moi.
Il m'étrangle. Ay! ay! ay!

CHICANEAU.

Vous m'entraînez, ma foi!
Prenez garde, je tombe.

DANDIN.

Ils sont, sur ma parole,
L'un et l'autre encavés.

LÉANDRE.

Vite, que l'on y vole.
Courez à leur secours. Mais au moins je prétends
Que monsieur Chicaneau, puisqu'il est là-dedans,
N'en sorte d'aujourd'hui. L'Intimé, prends-y garde.

L'INTIMÉ.

Gardez le soupirail.

LÉANDRE.

Va vite, je le garde.

SCÈNE IX.

LE COMTE, LÉANDRE.

LE COMTE.

Misérable! il s'en va lui prévenir l'esprit.
(par le soupirail.)
Monsieur, ne croyez rien de tout ce qu'il vous dit;
Il n'a point de témoins; c'est un menteur.

LÉANDRE.

Eh ! dame !
Que leur contez-vous là ! Peut-être ils rendent l'âme.

LE COMTE.

Il lui fera, monsieur, croire ce qu'il voudra.
Souffrez que j'entre.

LÉANDRE.

Oh non ! personne n'entrera.

LE COMTE.

Je le vois bien, monsieur, le vin muscat opère
Aussi bien sur le fils que sur l'esprit du père.
Patience, je vais protester comme il faut
Contre monsieur le juge et contre le quartaut.

LÉANDRE.

Allez donc et cessez de nous rompre la tête,
Que de fous ! Je ne fus jamais à telle fête.

SCÈNE X.

DANDIN, LÉANDRE, L'INTIMÉ.

L'INTIMÉ.

Monsieur, où courez-vous ? c'est vous mettre en danger.
Et vous boitez tout bas.

DANDIN.

Je veux aller juger.

LÉANDRE.

Comment, mon père ! Allons, permettez qu'on vous panse.
Vite un chirurgien.

DANDIN.

Qu'il vienne à l'audience

LÉANDRE.

Hé ! mon père ! arrêtez...

DANDIN.

Oh ! je vois ce que c'est ;
Tu prétends faire ici de moi ce qui te plaît ;
Tu ne gardes pour moi respect ni complaisance ;
Je ne puis prononcer une seule sentence.
Achève, prends ce sac, prends vite.

LÉANDRE.

Hé, doucement,
Mon père. Il faut trouver quelque accommodement.
Si pour vous, sans juger, la vie est un supplice,
Si vous êtes pressé de rendre la justice,
Il ne faut point sortir pour cela de chez vous ;
Exercez le talent, et jugez parmi nous.

DANDIN.

Ne raillons point ici de la magistrature,
Vois-tu ? Je ne veux point être un juge en peinture.

LÉANDRE.

Vous serez, au contraire, un juge sans appel,
Et juge du civil comme du criminel.
Vous pourrez tous les jours tenir deux audiences :
Tout vous sera chez vous matière de sentences.
Un valet manque-t-il de rendre un verre net,
Condamnez-le à l'amende, ou, s'il le casse, au fouet.

DANDIN.

C'est quelque chose. Encor passe quand on raisonne.
Et mes vacations, qui les paîra? Personne?

LÉANDRE.

Leurs gages vous tiendront lieu de nantissement.

DANDIN.

Il parle, ce me semble, assez pertinemment.

LÉANDRE.

Contre un de vos voisins...

SCÈNE XI.

DANDIN, LÉANDRE, L'INTIMÉ, PETIT-JEAN.

PETIT-JEAN.

Arrête! arrête! attrape!

LÉANDRE, *à l'Intimé.*

Ah! c'est mon prisonnier, sans doute, qui s'échappe?

L'INTIMÉ.

Non, non, ne craignez rien.

PETIT-JEAN

Tout est perdu... Citron...
Votre chien... vient là-bas de manger un chapon.
Rien n'est sûr devant lui. Ce qu'il trouve il l'emporte.

LÉANDRE.

Bon! voilà pour mon père une cause. Main forte.
Qu'on se mette après lui. Courez tous.

DANDIN.

Point de bruit.
Tout doux. Un amené sans scandale suffit.

LÉANDRE.

Ça, mon père, il faut faire un exemple authentique.
Jugez sévèrement ce voleur domestique.

DANDIN.

Mais je veux faire au moins la chose avec éclat.
Il faut de part et d'autre avoir un avocat.
Nous n'en avons pas un.

LÉANDRE

Hé bien ! il en faut faire.
Voilà votre portier et votre secrétaire :
Vous en ferez, je crois, d'excellents avocats :
Ils sont fort ignorants.

L'INTIMÉ.

Non pas, monsieur, non pas.
J'endormirai monsieur tout aussi bien qu'un autre.

PETIT-JEAN.

Pour moi, je ne sais rien ; n'attendez rien du nôtre.

LÉANDRE.

C'est ta première cause, et l'on te la fera.

PETIT-JEAN.

Mais je ne sais pas lire.

LÉANDRE.

Hé ! l'on te soufflera.

DANDIN.

Allons nous préparer. Ça, messieurs, point d'intrigue.
Fermons l'œil aux présents, et l'oreille à la brigue.
Vous, maître Petit-Jean, serez le demandeur :
Vous, maître l'Intimé, soyez le défendeur.

FIN DU SECOND ACTE.

ACTE TROISIÈME.

SCÈNE I.

CHICANEAU, LÉANDRE, LE SOUFFLEUR.

CHICANEAU.

Oui, monsieur, c'est ainsi qu'ils ont conduit l'affaire ;
L'huissier m'est inconnu, comme le commissaire.
Je ne mens pas d'un mot.

LÉANDRE.

Oui, je crois tout cela ;
Mais ! si vous m'en croyez, vous les laisserez là.
En vain vous prétendez les pousser l'un et l'autre ;
Vous troublerez bien moins leur repos que le vôtre.
Les trois quarts de vos biens sont déjà dépensés
A faire enfler des sacs l'un sur l'autre entassés ;
Et dans une poursuite à vous-même contraire...

CHICANEAU.

Vraiment vous me donnez un conseil salutaire :
Et devant qu'il soit peu je veux en profiter :
Mais je vous prie au moins de bien solliciter.
Puisque monsieur Dandin va donner audience,
Je vais faire venir ma fille en diligence.
On peut l'interroger ; elle est de bonne foi ;
Et même elle saura mieux répondre que moi.

LÉANDRE.

Allez et revenez, l'on vous fera justice.

LE SOUFFLEUR.

Quel homme !

SCÈNE II.

LÉANDRE, LE SOUFFLEUR.

LÉANDRE.

Je me sers d'un étrange artifice :
Mais mon père est un homme à se désespérer :
Et d'une cause en l'air il le faut bien leurrer.
D'ailleurs, j'ai mon dessein, et je veux qu'il condamne
Ce fou qui réduit tout au pied de la chicane.
Mais voici tous nos gens qui marchent sur nos pas.

SCÈNE III.

DANDIN, LÉANDRE, L'INTIMÉ, ET PETIT-JEAN, *en robe*; LE SOUFFLEUR.

DANDIN.

Ça, qu'êtes-vous ici ?

LÉANDRE.

Ce sont les avocats.

DANDIN, *au souffleur.*

Vous?

LE SOUFFLEUR.

Je viens secourir leur mémoire troublée.

DANDIN.

Je vous entends. Et vous?

LÉANDRE.

Moi? je suis l'assemblée.

DANDIN.

Commencez donc.

LE SOUFFLEUR.

Messieurs...

PETIT-JEAN.

Ho! prenez-le plus bas:
Si vous soufflez si haut, l'on ne m'entendra pas.
Messieurs...

DANDIN.

Couvrez-vous.

PETIT-JEAN.

Oh? Mess...

DANDIN.

Couvrez-vous, vous dis-je.

PETIT-JEAN.

Oh! monsieur! je sais bien à quoi l'honneur m'oblige.

DANDIN.

Ne te couvre donc pas.

PETIT-JEAN.

(*Se couvrant.*) (*au Souffleur.*)
Messieurs... Vous, doucement ;
Ce que je sais le mieux, c'est mon commencement.
Messieurs, quand je regarde avec exactitude
L'inconstance du monde et sa vicissitude ;
Lorsque je vois, parmi tant d'hommes différents,
Pas une étoile fixe, et tant d'astres errants ;
Quand je vois les Césars, quand je vois leur fortune ;
Quand je vois le soleil et quand je vois la lune ;
Babyloniens.
Quand je vois les états des Babiboniens.
Persans. *Macédoniens.*
Transférés des Serpens aux Nacédoniens.
Romains. *despotique.*
Quand je vois les Lorrains, de l'état dépotique.
démocratique.
Passer au démocrite, et puis au monarchique ;
Quand je vois le Japon...

L'INTIMÉ.

Quand aura-t-il tout vu ?

PETIT-JEAN.

Oh ! pourquoi celui-là m'a-t-il interrompu ?
Je ne dirai plus rien.

DANDIN.

Avocat incommode,
Que ne lui laissez-vous finir sa période ?
Je suais sang et eau, pour voir si du Japon
Il viendrait à bon port au fait de son chapon ;

Et vous l'interrompez par un discours frivole.
Parlez donc, avocat.

PETIT-JEAN.

J'ai perdu la parole.

LÉANDRE.

Achève, Petit-Jean : c'est fort bien débuté.
Mais que font là tes bras pendants à ton côté ?
Te voilà sur tes pieds droit comme une statue.
Dégourdis-toi. Courage ; allons, qu'on s'évertue.

PETIT-JEAN, *remuant les bras.*

Quand... je vois... Quand... je vois...

LÉANDRE.

Dis donc ce que tu vois.

PETIT-JEAN.

Oh dame ! on ne court pas deux lièvres à la fois.

LE SOUFFLEUR.

On lit...

PETIT-JEAN.

On lit...

LE SOUFFLEUR.

Dans la...

PETIT-JEAN.

Dans la...

LE SOUFFLEUR.

Métamorphose...

PETIT-JEAN.

Comment ?

LE SOUFFLEUR.

Que la métem..

PETIT-JEAN.

Que la métem...

LE SOUFFLEUR.

Psycose ..

PETIT-JEAN.

Psycose...

LE SOUFFLEUR.

Hé ! le cheval...

PETIT-JEAN.

Et le cheval...

LE SOUFFLEUR.

Encor !

PETIT-JEAN.

Encor !

LE SOUFFLEUR.

Le chien !

PETIT-JEAN.

Le chien...

LE SOUFFLEUR.

Le butor !

PETIT-JEAN.

Le butor...

LE SOUFFLEUR.

Peste de l'avocat !

PETIT-JEAN.

Ah ! peste de toi-même !
Voyez cet autre avec sa face de carême !
Va-t'en au diable.

DANDIN.

Et vous, venez au fait. Un mot
Du fait.

PETIT-JEAN.

Hé ! faut-il tant tourner autour du pot ?
Ils me font dire aussi des mots longs d'une toise,
De grands mots qui tiendraient d'ici jusqu'à Pontoise.
Pour moi, je ne sais point tant faire de façon
Pour dire qu'un mâtin vient de prendre un chapon.
Tant il y a qu'il n'est rien que votre chien ne prenne.
Qu'il a mangé là bas un bon chapon du Maine ;
Que la première fois que je l'y trouverai,
Son procès est tout fait, et je l'assommerai.

LÉANDRE.

Belle conclusion, et digne de l'exorde !

PETIT-JEAN.

On l'entend bien toujours. Qui voudra mordre y morde.

DANDIN.

Appelez les témoins.

LÉANDRE.

C'est bien dit, s'il le peut :
Les témoins sont fort chers, et n'en a pas qui veut.

PETIT-JEAN.

Nous en avons pourtant, et qui sont sans reproche.

DANDIN.

Faites-les donc venir.

PETIT-JEAN.

Je les ai dans ma poche.
Tenez, voilà la tête et les pieds du chapon ;
Voyez-les et jugez.

L'INTIMÉ.

Je les récuse.

DANDIN.

Bon !

Pourquoi les récuser ?

L'INTIMÉ.

Monsieur, ils sont du Maine.

DANDIN.

Il est vrai que du Mans il en vient par douzaine.

L'INTIMÉ.

Messieurs...

DANDIN.

Serez-vous long, avocat ? dites-moi.

L'INTIMÉ.

Je ne réponds de rien.

DANDIN.

Il est de bonne foi.

L'INTIMÉ, *d'un ton finissant en fausset.*

Messieurs, tout ce qui peut étonner un coupable,
Tout ce que les mortels ont de plus redoutable,
Semble s'être assemblé contre nous par hasard,
Je veux dire la brigue et l'éloquence. Car,
D'un côté le crédit du défunt m'épouvante :
Et de l'autre côté l'éloquence éclatante
De Maître Petit-Jean m'éblouit.

DANDIN.

Avocat,

De votre ton vous-même adoucissez l'éclat.

L'INTIMÉ.

(d'un ton ordinaire.) *(d'un beau ton.)*
Oui-dà, j'en ai plusieurs. Mais quelque défiance
Que nous doive donner la susdite éloquence,
Et le susdit crédit, ce néanmoins, messieurs,
L'ancre de vos bontés nous rassure. D'ailleurs,
Devant le grand Dandin, l'innocence est hardie,
Oui, devant ce Caton de Basse-Normandie,
Ce soleil d'équité qui n'est jamais terni :
VICTRIX CAUSA DIIS PLACUIT, SED VICTA CATONI

DANDIN.

Vraiment, il plaide bien.

L'INTIMÉ.

Sans craindre aucune chose,
Je prends donc la parole, et je viens à ma cause.
Aristote, PRIMO PERI POLITICON,
Dit fort bien....

DANDIN.

Avocat, il s'agit d'un chapon,
Et non point d'Aristote et de sa politique.

L'INTIMÉ.

Oui, mais l'autorité du Péripatétique
Prouverait que le bien et le mal...

DANDIN.

Je prétends
Qu'Aristote n'a point d'autorité céans.
Au fait.

L'INTIMÉ.

Pausanias, en ses Corinthiaques...

DANDIN.

Au fait.

L'INTIMÉ.

Rebuffe...

DANDIN.

Au fait, vous dis-je.

L'INTIMÉ.

Le grand Jacques...

DANDIN.

Au fait, au fait, au fait.

L'INTIMÉ.

Harmenopul, IN PROMPT...

DANDIN.

Oh! je te vais juger.

L'INTIMÉ.

Oh! vous êtes si prompt
Voici le fait. (*vite.*) Un chien vient dans une cuisine,
Il y trouve un chapon, lequel a bonne mine.
Or celui pour lequel je parle est affamé,
Celui contre lequel je parle AUTEM plumé;
Et celui pour lequel je suis, prend en cachette
Celui contre lequel je parle. L'on décrète:
On le prend. Avocat pour et contre appelé:
Jour pris. Je dois parler, je parle; j'ai parlé.

DANDIN.

Ta, ta, ta, ta. Voilà bien instruire une affaire!
Il dit fort posément ce dont on n'a que faire,
Et court le grand galop quand il est à son fait.

L'INTIMÉ.

Mais le premier, monsieur, c'est le beau.

DANDIN.

C'est le laid.
A-t-on jamais plaidé d'une telle méthode?
Mais qu'en dit l'assemblée!

LÉANDRE.

Il est fort à la mode.

L'INTIMÉ, *d'un ton véhément.*

Qu'arrive-t-il, messieurs? On vient. Comment vient-on?
On poursuit ma partie. On force une maison.
Quelle maison? maison de notre propre juge,
On brise le cellier qui nous sert de refuge.
De vol, de brigandage, on nous déclare auteurs.
On nous traîne, on nous livre à nos accusateurs!
A maître Petit-Jean, messieurs. Je vous atteste:
Qui ne sait que la loi, SI QUIS CANIS, Digeste
DE VI, paragrapho, messieurs .. CAPONIBUS,
Est manifestement contraire à cet abus?
Et quand il serait vrai que Citron ma partie
Aurait mangé, messieurs, le tout, ou bien partie
Dudit chapon: qu'on mette en compensation
Ce que nous avons fait avant cette action.
Quand ma partie a-t-elle été réprimandée?

Par qui votre maison a-t-elle été gardée?
Quand avons-nous manqué d'aboyer au larron?
Témoins trois procureurs, dont icelui Citron
A déchiré la robe. On en verra les pièces.
Pour nous justifier, voulez-vous d'autres pièces?

PETIT-JEAN.

Maitre Adam...

L'INTIMÉ.

Laissez-nous.

PETIT-JEAN.

L'intimé...

L'INTIMÉ.

Laissez-nous.

PETIT-JEAN.

S'enroue.

L'INTIMÉ.

Hé! laissez-nous. Euh! euh!

DANDIN.

Reposez-vous,
Et concluez.

L'INTIMÉ, *d'un ton pesant.*

Puis donc qu'on nous permet de prendre
Haleine, et que l'on nous défend de nous étendre,
Je vais, sans rien omettre, et sans prévariquer,
Compendieusement énoncer, expliquer,
Exposer à vos yeux l'idée universelle
De ma cause et des faits renfermés en icelle.

DANDIN.

Il aurait plus tôt fait de dire tout vingt fois
Que de l'abréger une. Homme, ou qui que tu sois,
Diable, conclus ; ou bien que le ciel te confonde !

L'INTIMÉ.

Je finis.

DANDIN.

Ah !

L'INTIMÉ.

Avant la naissance du monde...

DANDIN, *bâillant.*

Avocat, ah ! passons au déluge.

L'INTIMÉ.

Avant donc
La naissance du monde et sa création,
Le monde, l'univers, tout, la nature entière
Était ensevelie au fond de la matière.
Les éléments, le feu, l'air, et la terre, et l'eau,
Enfoncés, entassés, ne faisaient qu'un monceau,
Une confusion, une masse sans forme,
Un désordre, un chaos, une cohue énorme.
UNUS ERAT TOTO NATURÆ VULTUS IN ORBE,
QUEM GRÆCI DIXERE CHAOS, RUDIS INDIGESTAQUE MOLES.

(*Dandin endormi se laisse tomber.*)

LÉANDRE.

Quelle chute ! mon père !

PETIT-JEAN.

Ay, monsieur! comme il dort!

LÉANDRE.

Mon père, éveillez-vous.

PETIT-JEAN.

Monsieur, êtes-vous mort?

LÉANDRE.

Mon père!

DANDIN.

Hé bien? hé bien? quoi? qu'est-ce? Ah! ah! quel [homme!
Certes, je n'ai jamais dormi d'un si bon somme.

LÉANDRE.

Mon père, il faut juger.

DANDIN.

Aux galères.

LÉANDRE.

Un chien
Aux galères!

DANDIN.

Ma foi! je n'y conçois plus rien.
De monde, de chaos, j'ai la tête troublée.
Hé! concluez.

L'INTIMÉ, *lui présentant de petits chiens.*

Venez, famille désolée;
Venez, pauvres enfants qu'on veut rendre orphelins,

Venez faire parler vos esprits enfantins,
Oui, messieurs, vous voyez ici notre misère :
Nous sommes orphelins, rendez-nous notre père,
Notre père, par qui nous fûmes engendrés,
Notre père, qui nous...

DANDIN.

Tirez, tirez, tirez.

L'INTIMÉ.

Notre père, messieurs ..

DANDIN.

Tirez donc. Quels vacarmes.
Ils ont pissé partout.

L'INTIMÉ.

Monsieur, voyez nos larmes.

DANDIN.

Ouf. Je me sens déjà pris de compassion.
Ce que c'est qu'à propos toucher la passion !
Je suis bien empêché. La vérité me presse ;
Le crime est avéré ; lui-même il le confesse.
Mais, s'il est condamné, l'embarras est égal ;
Voilà bien des enfants réduits à l'hôpital.
Mais je suis occupé, je ne veux voir personne.

SCÈNE IV.

DANDIN, LÉANDRE, CHICANEAU, L'INTIMÉ, PETIT-JEAN.

CHICANEAU.

Monsieur...

DANDIN, *à Petit-Jean et à L'Intimé.*

Oui, pour vous seuls l'audience se donne.

CHICANEAU.

Vous êtes occupé. Je reviendrai demain.
Adieu, Permettez-moi de vous serrer la main.

DANDIN.

Non, non, restez ici. Moi! je n'ai point d'affaire.
Savez-vous que j'étais autrefois un compère?
On a parlé de nous.

CHICANEAU.

Je vous ai trop d'obligation.

DANDIN.

N'avez-vous jamais vu donner la question?

CHICANEAU.

Non; et ne le verrai, que je crois, de ma vie.

DANDIN.

Venez, je vous en veux faire passer l'envie.

CHICANEAU.

Hé, monsieur! peut-on voir souffrir des malheureux?

DANDIN.

Bon! cela fait toujours passer une heure ou deux.

CHICANEAU.

Ah!

LÉANDRE.

Mon père, êtes-vous content de l'audience?

DANDIN.

Oui dà. Que les procès viennent en abondance,
Et je passe avec vous le reste de mes jours.
Mais que les avocats soient désormais plus courts.
Et notre criminel?

LÉANDRE.

Ne parlons que de joie.
Grâce! grâce! mon père.

DANDIN.

Hé bien! qu'on le renvoie.
C'est en votre faveur, mon fils, ce que j'en fais.
Allons nous délasser à voir d'autres procès.

FIN DES PLAIDEURS.

LE JOUEUR

COMÉDIE PAR REGNARD

PERSONNAGES :

GÉRONTE, père de Valère.
VALÈRE.
DORANTE, oncle de Valère.
LE MARQUIS.
M. LA RESSOURCE, marchand de bric à brac.
HECTOR, valet de Valère.
M. TOUTABAS, maître de trictrac.
M. GALONIER, tailleur.
M. ADAM, sellier.
TROIS LAQUAIS du marquis.

(La scène se passe à Paris, dans un hôtel garni).

ACTE PREMIER.

—

SCÈNE I.

HECTOR, *dans un fauteuil, près d'une toilette.*

Il est, parbleu, grand jour ; déjà de leur ramage
Les coqs ont éveillé tout notre voisinage.
Que servir un joueur est un maudit métier !

Ne serais-je jamais laquais d'un sous-fermier ?
Je ronflerais mon soûl la grosse matinée,
Et je m'enivrerais le long de la journée ;
Je ferais mon chemin ; j'aurais un bon emploi ;
Je serais dans la suite un conseiller du roi,
Rat-de-cave, ou commis ; et, que sait-on ? peut-être
Je deviendrais un jour aussi gras que mon maître ;
J'aurais un bon carrosse à ressorts bien liants ;
De ma rotondité j'emplirais le dedans :
Il n'est que ce métier pour brusquer la fortune ;
Et tel change de meuble et d'habit chaque lune,
Qui, Jasmin autrefois, d'un drap du sceau couvert,
Bornait sa garde-robe à son justaucorps vert.
Quelqu'un vient.

SCÈNE II.

DORANTE, HECTOR.

HECTOR.

(*bas.*) (*haut.*)
Dorante ! Ah ! quel bon vent vous envoie.

DORANTE.

Que fait Valère ?

HECTOR.

Il dort.

DORANTE.

Il faut que je le voie.

HECTOR.

Mais mon maître ne voit personne quand il dort.

DORANTE.

Je veux lui parler.

HECTOR.

Ah ! ne parlez pas si fort.

DORANTE.

Oh ! j'entrerai, te dis-je.

HECTOR.

Ici je suis de garde,
Et je ne puis ouvrir que la porte bâtarde.

DORANTE.

Tes sots raisonnements sont pour moi superflus.

HECTOR.

Ah ! monsieur, je ne puis, pardonnez mon refus.

DORANTE.

Quand se lèvera-t-il ?

HECTOR.

Mais avant qu'il se lève.
Il faudra qu'il se couche, et franchement...

DORANTE.

Achève.

HECTOR.

Je ne dis mot.

DORANTE.

Oh ! parle, ou de force ou de gré.

HECTOR.

Mon maître en ce moment n'est pas encor rentré.

DORANTE.

Il n'est pas rentré?

HECTOR.

Non. Il ne tardera guère.
Nous n'ouvrons pas matin. Il a plus d'une affaire
Ce garçon-là.

DORANTE.

J'entends. Autour d'un tapis vert,
Dans un maudit brelan, ton maître joue et perd,
Ou bien, réduit à sec, d'une âme familière
Peut-être au ciel il parle d'une étrange manière.
Sache donc, brave Hector, que je viens aujourd'hui
Très exprès pour briser tout commerce avec lui.
Je ne souffrirai plus qu'on trompe ma tendresse,
Et qu'on profite ici d'une indigne faiblesse.
Je ne puis fréquenter un petit brelandier,
Un franc dissipateur et dont tout le métier
Est d'aller de cent lieux faire la découverte
Où de jeux de hasard on tient boutique ouverte,
Et qui le conduiront tout droit à l'hôpital.

HECTOR.

Monsieur, votre sermon est tant soit peu brutal.

DORANTE.

Eh! n'est-ce pas vraiment une honte à Valère,
Etant fils de famille, ayant encore son père,

Qu'il vive comme il fait, et que, comme un banni,
Depuis un an il loge en cet hôtel garni.

HECTOR.

Valère a déserté la maison paternelle ;
Mais ce n'est point à lui qu'il faut faire querelle :
Et si monsieur son père avait voulu sortir,
Nous y serions encore. Ah! certes, sans mentir,
Ces pères, bien souvent, sont obstinés en diable.

DORANTE.

Il a tort, en effet, d'être si peu traitable.
Quoi qu'il en soit enfin je ne m'abuse pas.
Je fais la guerre ouverte, et je vais de ce pas
Dire ce que je vois, avertir son vieux père
Qu'il ne peut se fier aux serments de Valère ;
Qu'il ne sera jamais digne de ses amours ;
Qu'il a joué, qu'il joue, et qu'il jouera toujours.
Adieu.

HECTOR.

Bonjour.

SCÈNE III.

HECTOR.

Autant que je m'y puis connaître,
Ce cher oncle Dorante est fort peu pour mon maître.
A-t-il grand tort ? Oh non, c'est un panier percé,
Qui...

SCÈNE IV.

VALÈRE, HECTOR.

(Valère paraît en désordre, comme un homme qui a joué toute la nuit.)

HECTOR.

Mais je l'aperçois. Qu'il a l'air harassé !
On soupçonne aisément, à sa triste figure,
Qu'il cherche en vain quelqu'un qui prête à triple usure.

VALÈRE.

Quelle heure est-il ?

HECTOR.

Il est... je ne m'en souviens pas.

VALÈRE.

Tu ne t'en souviens pas ?

HECTOR.

Non, monsieur.

VALÈRE.

Je suis las
De tes mauvais discours ; et tes impertinences...

HECTOR, *à part.*

Ma foi, la vérité répond aux apparences.

VALÈRE.

Ma robe de chambre. *(à part.)* Euh !

HECTOR, *à part.*

Il jure entre ses dents.

VALÈRE.

Eh bien! me faudra-t-il attendre encor longtemps?
(*Il se promène.*)

HECTOR.

Hé! la voilà, monsieur.
(*Il suit son maître, tenant sa robe de chambre toute déployée.*)

VALÈRE, *se promenant.*

Une école maudite
Me coûte, en un moment, douze trous tout de suite.
Que je suis un grand chien! Parbleu, je te saurai,
Maudit jeu de trictrac, ou bien je ne pourrai.
Tu peux me faire perdre, ô fortune ennemie!
Mais me faire payer, parbleu, je t'en défie;
Car je n'ai pas un sou.

HECTOR, *tenant toujours la robe.*

Vous plairait-il, monsieur...

VALÈRE, *se promenant.*

Je me ris de tes coups, j'incague ta fureur.

HECTOR.

Votre robe de chambre est, monsieur, toute prête.

VALÈRE.

Va te coucher, maraud; ne me romps point la tête.
Va-t'en.

HECTOR.

Tant mieux.

SCÈNE V.

VALÈRE, *se mettant dans un fauteuil.*

Je veux dormir dans ce fauteuil.
Que je suis malheureux ! je ne puis fermer l'œil.
Je dois de tous côtés, sans espoir, sans ressource,
Et n'ai pas, grâce au ciel, un écu dans ma bourse.
Hector... Que ce coquin est heureux de dormir !
Hector !

SCÈNE VI.

VALÈRE, HECTOR.

HECTOR, *derrière le théâtre.*

Monsieur.

VALÈRE.

Eh bien ! bourreau, veux-tu venir ?
(Hector entre à moitié déshabillé.

VALÈRE.

N'es-tu pas las encore de dormir, misérable ?

HECTOR.

Las de dormir, monsieur ? Hé ! je me donne au diable,
Je n'ai pas eu le temps d'ôter mon justaucorps.

VALÈRE.

Tu dormiras demain.

HECTOR, *à part.*

Il a le diable au corps.

VALÈRE.

Est-il venu quelqu'un ?

HECTOR.

Il est, selon l'usage,
Venu maint créancier ; de plus, un gros visage,
Un maître de trictrac qui ne m'est pas connu.
Le maître de musique est encore venu.
Ils reviendront bientôt.

VALÈRE.

Bon. Pour cette autre affaire,
M'as-tu déterré...

HECTOR.

Qui ? cet homme au savoir-faire.
Qui nous prête, par heure, à vingt sous par écu ?

VALÈRE.

Justement, c'est lui-même.

HECTOR.

Oui, monsieur, j'ai tout vu
Qu'on vend cher maintenant l'argent à la jeunesse !
Mais enfin j'ai tant fait, avec un peu d'adresse,
Qu'il m'a congédié d'un air fort obligeant ;
Et vous aurez, je crois, au plutôt votre argent.

VALÈRE.

J'aurais les mille écus ! O ciel ! quel coup de grâce !
Hector, mon cher Hector, viens-çà que je t'embrasse.

HECTOR.

Comme l'argent rend tendre.

VALÈRE.

Et tu crois qu'en effet
Je n'ai, pour en avoir, qu'à donner mon billet ?

HECTOR.

Qui le refuserait serait bien difficile ;
Vous êtes aussi bon que banquier de la ville.
Pour le réduire au point où vous le souhaitez,
Il a fallu lever bien des difficultés :
Il est d'accord de tout, du temps, des arrérages ;
Il ne faut maintenant que lui donner des gages.

VALÈRE.

Des gages ?

HECTOR.

Oui, monsieur.

VALÈRE.

Mais y penses-tu bien
Où les prendrai-je ? dis.

HECTOR.

Ma foi, je n'en sais rien.
Pour nippes, nous n'avons qu'un grand fonds d'espérance
Sur les produits trompeurs d'une réjouissance ;
Et, dans ce siècle-ci, messieurs les usuriers
Sur de pareils effets prêtent peu volontiers.

VALÈRE.

Mais quel gage, dis-moi, veux-tu que je lui donne ?

HECTOR.

Vous le verrez tantôt ici même en personne
Vous vous ajusterez ensemble en quatre mots.
Mais, monsieur, s'il vous plaît, pour changer de propos...
Ah? venez, sauvons-nous, j'aperçois votre père.

SCÈNE VII.

GÉRONTE, VALÈRE, HECTOR.

GÉRONTE.

Doucement; j'ai deux mots à vous dire, Valère.
(à Hector.)
Pour toi, j'ai quelques coups de canne à te prêter.

HECTOR.

Excusez-moi, monsieur, je ne puis m'arrêter.

GÉRONTE.

Demeure là, maraud.

HECTOR, *à part.*

Il n'est pas temps de rire.

GÉRONTE.

Pour la dernière fois, mon fils, je viens vous dire
Que votre train de vie est si fort scandaleux,
Que vous m'obligerez à quelque éclat fâcheux.
Je ne puis retenir ma bile davantage,
Et ne saurais souffrir votre libertinage.
Vous êtes pilier né de tous les lansquenets,
Qui sont pour la jeunesse autant de trébuchets.
Un bois plein de voleurs est un plus sûr passage :

Dans ces lieux jour et nuit ce n'est que brigandage.
Il faut opter des deux, être dupe ou fripon.

HECTOR.

Tous ces jeux de hasard n'attirent rien de bon.
J'aime les jeux galants où l'esprit se déploie.
(à Géronte.)
C'est, monsieur, par exemple, un joli jeu que l'oie.

GÉRONTE, *à Hector.*

(à Valère.)
Tais-toi. Non, à présent le jeu n'est que fureur ;
On joue argent, bijoux, maison, contrats, honneur.
Je ne puis vous souffrir vivre de cette sorte :
Vous m'avez obligé de vous fermer ma porte ;
J'étais las, attendant chez moi votre retour,
Qu'on fît du jour la nuit, et de la nuit le jour.

HECTOR.

C'est bien fait. Ces joueurs qui courent la fortune,
Dans leurs dérèglements ressemblent à la lune,
Se couchant le matin, et se levant le soir.

GÉRONTE.

Vous me poussez à bout ; mais je vous ferai voir
Que, si vous ne changez de vie et de manière,
Je saurai me servir de mon pouvoir de père.

HECTOR, *à Valère.*

Votre père a raison.

GÉRONTE.

Comme le voilà fait ?
Débraillé, mal peigné, l'œil hagard ? A sa mine

On croirait qu'il viendrait, dans la forêt voisine,
De faire un mauvais coup.

HECTOR, *à part.*

On croirait vrai de lui ;
Il a fait trente fois coupe-gorge aujourd'hui.

GÉRONTE.

Serez-vous bientôt las d'une telle conduite ?
Parlez, que dois-je enfin espérer dans la suite ?

VALÈRE.

Je reviens aujourd'hui de mon égarement,
Et ne veux plus jouer, mon père, absolument.

HECTOR, *à part.*

Voilà du fruit nouveau dont son fils le régale.

GÉRONTE.

Quand ils n'ont pas un sou, voilà de leur morale.

VALÈRE.

J'ai de l'argent encore ; et, pour vous contenter,
De mes dettes je veux aujourd'hui m'acquitter.

GÉRONTE.

S'il est ainsi, vraiment, j'en ai bien de la joie.

HECTOR, *bas à Valère.*

Vous acquitter, monsieur ? avec quelle monnoie ?

VALÈRE, *bas, à Hector.*

Te tairas-tu ?

(haut à son père).

Sachez, mon père, dès ce jour
Que je renonce au jeu ; je promets, sans retour,
De fuir l'occasion ; de payer... mais, mon père.

GÉRONTE.

Eh ! plaît-il ?

VALÈRE.

Pour sortir entièrement d'affaire,
Il me manque environ quatre ou cinq mille francs ;
Si vous vouliez, monsieur...

GÉRONTE.

Ah ! ah ! je vous entends,
Vous m'avez mille fois bercé de ces sornettes.
Non. Comme vous pourrez, allez payer vos dettes.

VALÈRE.

Mais, mon père, croyez...

GÉRONTE.

A d'autres, s'il vous plaît.

VALÈRE.

Prêtez-moi mille écus.

HECTOR, *à Géronte.*

Nous paierons l'intérêt.
Au denier un.

VALÈRE.

Monsieur...

GÉRONTE.

Je ne puis vous entendre.

VALÈRE.

Je ne veux point, mon père, aujourd'hui vous surprendre :
Et, pour vous faire voir quels sont mes bons desseins,
Retenez cet argent et payez par vos mains.

HECTOR.

Ah! parbleu, pour le coup c'est être raisonnable.

GÉRONTE.

Et de combien encore êtes-vous redevable ?

VALÈRE.

La somme n'y fait rien.

GÉRONTE.

La somme n'y fait rien ?

HECTOR.

Non. Quand vous le verrez vivre en homme de bien,
Vous ne regretterez nullement la dépense ;
Et nous ferons, monsieur, la chose en conscience.

GÉRONTE.

Ecoutez : je veux bien faire un dernier effort ;
Mais, après cela, si...

VALÈRE.

Modérez ce transport.
Que sur mes sentiments votre âme se repose.
Croyez aux bons desseins que mon cœur se propose,
Et bientôt soyez sûr de les voir éclater.

SCÈNE VIII.

GÉRONTE, HECTOR.

HECTOR.

Je m'en vais travailler, moi, pour vous contenter,

A vous faire, en raisons claires et positives,
Le mémoire succinct de nos dettes passives,
Et que j'aurai l'honneur de vous montrer dans peu.

SCÈNE IX.

GÉRONTE.

Ah ! bénissons le ciel ! mon fils renonce au jeu.

SCÈNE X.

M. TOUTABAS, GÉRONTE.

TOUTABAS.

Avec tous les respects d'un cœur vraiment sincère,
Je viens pour vous offrir mon petit ministère.
Je suis, pour vous servir, gentilhomme auvergnac,
Docteur dans tous les jeux, et maître de trictrac !
Mon nom est Toutabas, vicomte de la Case,
Et votre serviteur, pour terminer ma phrase.

GÉRONTE, *à part.*

Un maître de trictrac ! Il me prend pour mon fils.
(haut.)
Quoi ! vous montrez, monsieur, un tel art dans Paris,
Et l'on ne vous a pas fait présent en galère,
D'un brevet d'espalier ?

TOUTABAS, *à part.*

A quel homme ai-je affaire ?

(*haut.*)

Comment! je vous soutiens que dans tous les états
On ne peut de mon art assez faire de cas;
Qu'un enfant de famille, et qu'on veut bien instruire,
Devrait savoir jouer avant que savoir lire.

GÉRONTE.

Monsieur le professeur, avecque vos raisons,
Il faudrait vous loger aux Petites-Maisons.

TOUTABAS.

De quoi sert, je vous prie, une foule inutile
De chanteurs, de danseurs, qui montrent par la ville?
Un jeune homme en est-il plus riche, quand il sait
Chanter ré mi fa sol, ou danser un menuet?
Paiera-t-on des marchands la cohorte pressante
Avec un vaudeville ou bien une courante?
Ne vaut-il pas bien mieux qu'un jeune cavalier
Dans mon art au plutôt se fasse initier;
Qu'il sache, quand il perd, d'une âme non commune,
A force de savoir rappeler la fortune;
Qu'il apprenne un métier qui par de sûrs secrets,
En le divertissant l'enrichisse à jamais?

GÉRONTE.

Vous êtes riche à voir?

TOUTABAS.

Le jeu fait vivre à l'aise
Nombre d'honnêtes gens, fiacres, porteurs de chaise,
Mille usuriers fournis de ces obscurs brillants
Qui vont de doigts en doigts tous les jours circulants,
Des gascons à souper dans des brelans fidèles,

Des chevaliers sans ordre et tant de demoiselles
Qui, sans le lansquenet et son produit caché,
De leur faible vertu feraient fort bon marché,
Et dont, tous les hivers, la cuisine se fonde
Sur l'impôt établi d'une infaillible ronde.

GÉRONTE.

S'il est quelque joueur qui vive de son gain,
On en voit tous les jours mille mourir de faim.
Qui, forcés à garder une longue abstinence,
Pleurent d'avoir trop mis à la réjouissance.

TOUTABAS.

Et c'est de là que vient la beauté de mon art.
En suivant mes leçons on court peu de hasard.
Je sais, quand il le faut, par un peu d'artifice,
Du sort injurieux corriger la malice;
Je suis dans un trictrac, quand il faut un sonnez,
Glisser des dés heureux, ou chargés, ou pipés;
Et quand mon plein est fait, gardant mes avantages,
J'en substitue aussi d'autres prudents et sages,
Qui n'offrant à mon gré que des as à tous coups,
Me font, en un instant, enfiler douze trous.

GÉRONTE.

Eh! monsieur Toutabas, vous avez l'insolence
De venir dans ces lieux montrer votre science?

TOUTABAS.

Oui, monsieur, s'il vous plaît.

GÉRONTE.

Et vous ne craignez pas

Que j'arme contre vous quatre paires de bras,
Qui le long de vos reins ..

TOUTABAS.

Monsieur, point de colère ;
Je ne suis point ici venu pour vous déplaire.

GÉRONTE, *le poussant.*

Maître juré filou, sortez de la maison.

TOUTABAS.

Non, je n'en sors qu'après vous avoir fait leçon.

GÉRONTE.

A moi, leçon ?

TOUTABAS.

Je veux, par mon savoir extrême,
Que vous escamotiez un dé comme moi-même.

GÉRONTE

Je ne sais qui me tient, tant je suis animé,
Que quelques bons soufflets donnés à poing fermé ..
Va-t'en.

(Il le prend par les épaules.)

TOUTABAS.

Puisqu'aujourd'hui votre humeur pétulante
Vous rend l'âme aux leçons un peu récalcitrante,
Je reviendrai demain pour la seconde fois.

GÉRONTE.

Reviens.

TOUTABAS.

Vous plairait-il de m'avancer le mois ?

GÉRONTE, *le poussant tout-à-fait dehors.*

Sortiras-tu d'ici, vrai gibier de potence ?

SCÈNE XI.

GÉRONTE.

Je ne puis respirer, et j'en mourrai, je pense.
Heureusement mon fils n'a point vu ce fripon :
Il me prenait pour lui dans cette occasion.
Sachons ce qu'il a fait : et, sans plus de mystère,
Pour le guérir en plein cherchons ce qu'il faut faire.

FIN DU PREMIER ACTE.

ACTE SECOND.

—

SCÈNE I.

VALÈRE.

Est-il dans l'univers de mortel plus heureux !
Mon père me pardonne ; il comble tous mes vœux,
Me donne son portrait...

SCÈNE II.

VALÈRE, HECTOR.

HECTOR.

Monsieur, je viens vous dire...

VALÈRE.

Je suis tout transporté : vois, considère, admire,
Mon bon père m'a fait ce généreux présent.

HECTOR.

Que les brillants sont gros ! Pour être plus content,
Je vous amène encore un lénitif de bourse,
Un usurier.

VALÈRE.

Et qui ?

HECTOR.

C'est monsieur La Ressource.

SCÈNE III.

M. LA RESSOURCE, VALÈRE, HECTOR.

VALÈRE, *embrassant M. La Ressource.*

Hé ! bonjour, mon enfant : tu ne peux concevoir
Jusqu'où va dans mon cœur le plaisir de te voir.

M. LA RESSOURCE.

Je suis reconnaissant on ne peut davantage.

HECTOR.

Il est fort bien encor. Mais quel sombre équipage ?
Vous voilà, sans mentir, presque aussi noir qu'un four.

VALÈRE.

Ne vois-tu pas, Hector, que c'est un deuil de cour ?

M. LA RESSOURCE.

Oh ! monsieur, point du tout. Je vis à la bourgeoise,
Et sais me mesurer justement à ma toise.
J'en connais bien, pourtant, qui ne me valent pas
Qui se font teindre en noir du haut jusques en bas ;
Mais pour moi, je n'ai point cette sotte manie ;
Et si ma pauvre épouse, était encore en vie...
(Il pleure.)

VALÈRE.

Madame La Ressource est morte ?

M. LA RESSOURCE.

Hélas ! subitement.

HECTOR, *pleurant.*

Subitement ? Hélas ! j'en suis fâché vraiment.
(bas à Valère.)
Au fait.

VALÈRE.

J'aurais besoin, cher monsieur La Ressource,
De mille écus.

M. LA RESSOURCE.

Monsieur, disposez de ma bourse.

VALÈRE.

Je fais, bien entendu, mon billet au porteur.

HECTOR.

Et je veux l'endosser.

M. LA RESSOURCE.

Avec les gens d'honneur
On ne perd jamais rien.

VALÈRE.

Je veux que tu le prennes.
Nous faisons ici-bas des routes incertaines ;
Je pourrais bien mourir. Ce maraud m'avait dit
Que sur des gages sûrs tu prêtais à crédit.

M. LA RESSOURCE.

Sur des gages, monsieur ? c'est une médisance ;
Je sais que ce serait blesser ma conscience.
Pour des nantissements qui valent bien leur prix ;
De la vieille vaisselle au poinçon de Paris,
Des diamants usés, et qu'on ne saurait vendre,
Sans risquer mon honneur, je crois que j'en puis prendre.

VALÈRE.

Je n'ai, pour te donner, vaisselles ni bijous.

HECTOR.

Oh ! parbleu, nous marchons sans crainte des filous.

M. LA RESSOURCE.

Eh bien ! nous attendrons, monsieur, qu'il vous en vienne.

VALÈRE.

Compte, mon pauvre enfant, que ma mort est certaine
Si je n'ai dans ce jour mille écus.

M. LA RESSOURCE.

Ah, monsieur !
Je voudrais les avoir, ce serait de grand cœur...

VALÈRE.

Ah ! mon ami, mon cœur, mon prince, mon aimable,
Mon mignon, mon sauveur, et mon tout adorable.

HECTOR, *à genoux.*

Par pitié.

M. LA RESSOURCE.

Je ne puis.

HECTOR.

Ah ! que nous sommes fous !
Tous ces gens-là, monsieur, ont des cœurs de cailloux.
Sans des nantissemens il ne faut rien prétendre.

VALÈRE.

Dis-moi donc, si tu veux, où je les pourrai prendre.

HECTOR.

Attendez... Mais comment, avec un cœur d'airain.
Refuser un billet endossé de ma main ?

VALÈRE.

Mais vois donc.

HECTOR.

Laissez-moi, je cherche en ma cervelle.

VALÈRE.

Nous avons ce présent d'une main paternelle.
Dans le temps difficile il faut un peu s'aider.

HECTOR, *bas, à Valère*

Ah ! que dites-vous là ? vous devez le garder.

VALÈRE, *bas, à Hector.*

D'accord ; honnêtement je ne puis m'en défaire.

M. LA RESSOURCE.

Adieu. Quelque autre fois nous finirons l'affaire.

VALÈRE, *à M. La Ressource.*

Attendez donc.

(bas, à Hector.)

Tu sais jusqu'où vont mes besoins.
N'ayant pas son portrait, l'en aimerai-je moins ?

HECTOR, *bas, à Valère.*

Fort bien. Mais voulez-vous que cette perfidie...

VALÈRE, *bas, à Hector.*

Il est vrai. J'ai tantôt cette grosse partie
De ces joueurs en fonds qui doivent s'assembler.

M. LA RESSOURCE.

Adieu.

VALÈRE, *à M. La Ressource.*

Demeurez donc : où voulez-vous aller ?

(bas, à Hector.)

Je ferai de l'argent ; ou celui de mon père,
Quoi qu'il puisse arriver, nous tirera d'affaire.

HECTOR, *bas, à Valère.*

Que dira votre père alors qu'il apprendra
Que de son cher portrait...

VALÈRE, *bas, à Hector.*

Et qui le lui dira ?
Dans une heure au plus tard nous irons le reprendre.

HECTOR, *bas, à Valère.*

Dans une heure ?

VALÈRE, *bas, à Hector.*

Oui, vraiment.

HECTOR, *bas, à Valère.*

Je commence à me rendre.

VALÈRE, *bas, à Hector.*

Je me mettrais en gage en mon besoin urgent.

HECTOR, *bas, à Valère, le considérant.*

Sur cette nippe-là, vous auriez peu d'argent.

VALÈRE, *bas, à Hector.*

On ne perd pas toujours; je gagnerai sans doute.

HECTOR, *bas, à Valère.*

Votre raisonnement met le mien en déroute.
Je sais que ce micmac ne vaut rien dans le fond.

VALÈRE, *bas, à Hector.*

Je m'en tirerai bien, Hector, je t'en répond.
(à M. La Ressource, montrant le portrait de Géronte.)
Peut-on sur ce bijou, sans trop de complaisance...

M. LA RESSOURCE.

Oui, je puis maintenant prêter en conscience :
Je vois des diamants qui répondent du prêt,
Et qui peuvent porter un modeste intérêt.
Voilà les mille écus comptés dans cette bourse.

VALÈRE.

Je vous suis oblig[illegible] de La Ressource.

Au moins ne manquez pas de revenir tantôt ;
Je prétends retirer mon portrait au plutôt.

M. LA RESSOURCE.

Volontiers. Nous aimons à changer de la sorte.
Plus notre argent fatigue, et plus il nous rapporte.
Adieu, messieurs. Je suis tout à vous à ce prix.
(Il sort.)

HECTOR, *à M. La Ressource.*

Adieu juif, le plus juif qui soit dans tout Paris.

SCÈNE IV.

VALÈRE, HECTOR.

HECTOR.

Vous faites là, monsieur, une action inique.

VALÈRE.

Aux maux désespérés il faut de l'émétique.
Et cet argent qui vient d'un paternel amour
Me dit que la fortune est pour moi dans ce jour.

FIN DU SECOND ACTE.

ACTE TROISIÈME.

—

SCÈNE I.

GÉRONTE, HECTOR.

HECTOR, *tirant un papier roulé avec plusieurs autres papiers.*

Voilà sur ce papier, monsieur, un petit rôle
Des dettes de mon maître. Il vous tient sa parole,
Comme vous le voyez, et croit qu'en tout ceci
Vous voudrez bien, monsieur, tenir la vôtre aussi.

GÉRONTE.

Ça, voyons, expédie au plutôt ton affaire.

HECTOR.

J'aurai fait en deux mots. L'honnête homme de père !
Ah ! qu'à notre secours à propos vous venez !
Encore un jour plus tard, nous étions ruinés.

GÉRONTE.

Je le crois.

HECTOR.

N'allez pas sur les points vous débattre ;
Foi d'honnête garçon, je n'en puis rien rabattre :

Les choses sont, monsieur, tout au plus juste prix ;
De plus, je vous promets que je n'ai rien omis.

GÉRONTE.

Finis donc.

HECTOR.

Il faut bien se mettre sur ses gardes.
« Mémoire juste et bref de nos dettes criardes,
« Que Mathurin Géronte aurait tantôt promis,
« Et promet maintenant de payer pour son fils. »

GÉRONTE.

Que je les paie, ou non, ce n'est pas ton affaire.
Lis toujours.

HECTOR.

C'est, monsieur, ce que je m'en vais faire.
« *Item*, doit à Richard cinq cents livres dix sous,
« Pour gages de cinq ans, frais, mises, loyaux coûts. »

GÉRONTE.

Quel est ce Richard ?

HECTOR.

Moi, fort à votre service.
Ce nom n'étant point fait du tout à la propice
D'un valet de joueur, je me suis de nouveau
Donné celui d'Hector, du valet de carreau.

GÉRONTE.

Le beau nom !

HECTOR.

C'est un nom d'une nouvelle espèce,

Qui part de mon esprit, fécond en gentillesse
« Secondement, il doit à Jérémie Aron,
« Usurier de métier, juif de religion... »

GÉRONTE.

Tout beau, n'embrouillons point, s'il vous plaît, les af-
Je ne veux point payer les dettes usuraires. [faires.

HECTOR.

Eh bien ! soit. « Plus, il doit à maints particuliers,
« Ou quidams, dont les noms, qualités et métiers
« Sont décrits plus au long avecque les parties
« Ès assignations, dont je tiens les copies,
« Dont tous lesdits quidams, ou du moins peu s'en faut,
« Ont obtenu déjà sentence par défaut,
« La somme de dix mille une livre, une obole,
« Pour l'avoir, sans relâche, un an, sur sa parole,
« Habillé, voituré, coiffé, chaussé, ganté,
« Alimenté, rasé, désaltéré, porté. »

GÉRONTE, *faisant sauter les papiers que tient Hector.*

Désaltéré, porté ! Que le diable t'emporte,
Et ton maudit mémoire écrit de telle sorte !

HECTOR, *après avoir ramassé les papiers.*

Si vous ne m'en croyez, demain, pour vous trouver,
J'enverrai les quidams tous à votre lever.

GÉRONTE.

La belle cour !

HECTOR.

De plus à madame une telle,

« Pour certaine maison que nous occupons d'elle,
« Sise vers le rempart, deux cents cinquante écus,
« Pour parfait payement de cinq quartiers échus. »

GÉRONTE.

Quelle est cette maison ?

HECTOR.

Monsieur, c'est un asile.
Où nous nous retirons du fracas de la ville ;
Où mon maître, la nuit, pour noyer son chagrin.
Fait entrer, sans payer, quelques quartauts de vin.

GÉRONTE.

Et tu prétends, bourreau... ?

HECTOR, *tournant le rôle.*

Monsieur, point d'invectives.
Voici le contenu de nos dettes actives :
Et vous allez bien voir que le compte suivant,
Payé fidèlement, se monte à presque autant.

GÉRONTE.

Voyons.

HECTOR.

« Premièrement, Isaac de La Serre... »
Il est connu de vous.

GÉRONTE.

Et de toute la terre :
C'est ce négociant, ce banquier si fameux.

HECTOR.

Nous ne vous donnons pas de ces effets vér ;

Cela sent comme baume. Or donc ce de La Serre,
Si bien connu de vous et de toute la terre,
Ne nous doit rien.

GÉRONTE.

Comment !

HECTOR.

Mais un de ses parents,
Mort aux champs de Fleurus, nous doit dix mille francs.

GÉRONTE.

Voilà certainement un effet fort bizarre !

HECTOR.

Oh ! s'il n'était pas mort, c'était de l'or en barre !
« Plus, à mon maître est dû, du chevalier Fijac,
« Les droits hypothéqués sur un tour de trictrac. »

GÉRONTE.

Que dis-tu ?

HECTOR.

La partie est de deux cents pistoles :
C'est une dupe ; il fait en un tour vingt écoles :
Il ne faut plus qu'un coup.

GÉRONTE, *lui donnant un soufflet.*

Tiens, maraud, le voilà,
Pour m'offrir un mémoire égal à celui-là.
Va porter cet argent à celui qui t'envoie.

HECTOR.

Il ne voudra jamais prendre cette monnoie.

GÉRONTE.

Impertinent maraud ! va, je t'apprendrai bien,
Avecque ton trictrac...

HECTOR.

Il a dix trous à rien.

SCÈNE II.

HECTOR.

Sa main est à frapper, non à donner légère ;
Et mon maître a bien fait de faire ailleurs affaire.

SCÈNE III.

VALÈRE, HECTOR.

Valère entre en comptant beaucoup d'argent dans son chapeau.

HECTOR, *à part.*

Mais le voici qui vient poussé d'un heureux vent :
Il a les yeux sereins et l'accueil avenant.
(haut)
Par votre ordre, monsieur, j'ai vu monsieur Géronte,
Qui de notre mémoire a fait fort peu de compte :
Sa monnaie est frappée avec un vilain coin ;
Et de pareil argent nous n'avons pas besoin.
J'ai vu, chemin faisant, aussi, monsieur Dorante :
Morbleu, qu'il est fâché !

VALÈRE, *comptant toujours.*

Mille deux cent cinquante.

HECTOR, *à part.*

La flotte est arrivée avec les galions :
Cela va diablement hausser nos actions.
(haut.)
J'ai fait à votre père un beau panégyrique.
Il m'a dit...

VALÈRE.

Ah ! morbleu ! ce dernier coup me pique.
Sans les cruels revers de deux coups inouïs,
J'aurais encor gagné plus de deux cents louis.

HECTOR.

Sans peine vous serez encore son idole.

VALÈRE.

Damon m'en doit encor deux cents sur sa parole.

HECTOR, *le tirant par la manche.*

Monsieur, écoutez-moi ; calmez un peu vos sens :
Il est question d'un père, et depuis fort longtemps.
Comment ! quelle froideur s'empare de votre âme !
Pour renoncer au jeu, vous étiez tout de flamme !

VALÈRE.

J'ai fait réflexion. J'aime la liberté.

HECTOR.

Et le libertinage.

VALÈRE.

Hector, en vérité

Il n'est point dans le monde un état plus aimable
Que celui d'un joueur : sa vie est agréable ;
Ses jours sont enchaînés par des plaisirs nouveaux :
Comédie, opéra, bonne chère, cadeaux ;
Il traîne en tous les lieux la joie et l'abondance ;
On voit régner sur lui l'air de magnificence,
Tabatières, bijous : sa poche est un trésor ;
Sous ses heureuses mains le cuivre devient or.

HECTOR.

Et l'or devient à rien.

VALÈRE.

Toujours chances nouvelles ;
Sache bien qu'un joueur ne peut vivre sans elles ;
Le jeu rassemble tout : il unit à la fois
Le turbulent marquis, le paisible bourgeois :
La femme du banquier, dorée et triomphante,
Coupe orgueilleusement la duchesse indigente.
Là, sans distinction, on voit aller de pair
Le laquais d'un commis avec un duc et pair :
Et, quoi qu'un sort jaloux nous ait fait d'injustices,
De sa naissance ainsi l'on venge les caprices.

HECTOR.

À ce qu'on peut juger de ce discours charmant,
Vous voilà donc en grâce avec l'argent comptant.
Tant mieux, car c'est pour vous une excellente affaire
Pour r'avoir le portrait de monsieur votre père.

VALÈRE.

Nous verrons.

HECTOR.

Vous savez...

VALÈRE.

Je dois jouer tantôt.

HECTOR.

Tirez-en mille écus.

VALÈRE.

Oh ! non, c'est un dépôt...

HECTOR.

Pour mettre quelque chose à l'abri des orages,
S'il vous plaisait du moins de me payer mes gages ?

VALÈRE.

Quoi ! je te dois ?

HECTOR.

Depuis que je suis avec vous,
Je n'ai pas, en cinq ans, encor reçu cinq sous.

VALÈRE.

Mon père te paiera ; l'article est au mémoire.

HECTOR.

Votre père ? Ah ! monsieur, c'est une mer à boire ;
Son argent n'a point cours, quoiqu'il soit bien de poids.

VALÈRE.

Va, j'examinerai ton compte une autre fois.
J'entends venir quelqu'un.

HECTOR.

Surprise amère !
Ils ont flairé l'argent.

VALÈRE, *mettant promptement son argent dans sa poche.*

Il faut nous en défaire.

HECTOR.

C'est Adam, le sellier, et l'honnête tailleur.

VALÈRE.

Quel contre-temps !

SCÈNE IV.

M. ADAM, M. GALONIER, VALÈRE, HECTOR.

VALÈRE.

Je suis votre humble serviteur.
Bonjour, monsieur Adam. Quelle joie est la mienne !
Vous voir ! c'est du plus loin, parbleu, qu'il me sou-
[vienne.

M. ADAM.

Je viens pourtant ici souvent faire ma cour ;
Mais vous jouez la nuit, et vous dormez le jour.

VALÈRE.

C'est pour cette calèche à velours à ramage ?

M. ADAM.

Oui, s'il vous plaît.

VALÈRE.

Je suis fort content de l'ouvrage.
(bas, à Hector.)
Il faut vous le payer... Songe par quel moyen

Tu pourras me tirer de ce triste entretien.

(haut.)

Vous, monsieur Galonier, quel sujet vous amène ?

M. GALONIER.

Je viens vous demander...

HECTOR, *à M. Galonier.*

Vous prenez trop de peine.

M. GALONIER, *à Valère.*

Vous...

HECTOR, *à M. Galonier.*

Vous faites toujours mes habits trop étroits.

M. GALONIER, *à Valère.*

Si...

HECTOR, *à M. Galonier.*

Ma culotte s'use en deux ou trois endroits.

M. GALONIER, *à Valère.*

Je...

HECTOR, *à M. Galonier.*

Vous cousez si mal...

M. ADAM.

Il me faut faire emplette
De cuir ; pour le payer faut-il que je m'endette ?
On ne m'en donne pas sans de l'argent comptant.
Un à-compte, monsieur, et je serai content.

VALÈRE.

Je veux, monsieur Adam, mourir à votre vue,
Si j'ai...

M. ADAM.

Depuis longtemps cette somme m'est due.

VALÈRE.

Que je sois un maraud, déshonoré cent fois,
Si l'on m'a vu toucher un sou depuis six mois.

HECTOR.

Oui, nous avons tous deux, par piété profonde,
Fait vœu de pauvreté : nous renonçons au monde.

M. GALONIER.

Que votre cœur pour moi se laisse un peu fléchir.
Au nom de mes enfants laissez-vous attendrir.
Seulement deux cents francs.

VALÈRE.

Comptez que dans la vie
Personne de payer n'eut jamais tant d'envie..
Demandez...

HECTOR.

S'il avait quelques deniers comptants,
Ne me paierait-il pas mes gages de cinq ans ?
Votre dette n'est pas meilleure que la mienne.

M. ADAM.

Mais quand faudra-t-il donc, monsieur, que je revienne ?

VALÈRE.

Mais... quand il vous plaira... dès demain ; que sait-on ?

M. GALONIER.

Pour moi, je ne sors pas d'ici qu'on ne m'en chasse.

HECTOR, *à part.*

Non, je ne vis jamais d'animal si tenace.

VALÈRE.

Écoutez, je vous dis un secret, qui, je croi,
Vous plaira dans la suite autant et plus qu'à moi.
Apprenez que je vais m'établir, et mon père
Avec mes créanciers doit me tirer d'affaire.

HECTOR.

Pour le coup...

M. ADAM.

Il me faut de l'argent cependant.

HECTOR.

Cette raison vaut mieux que de l'argent comptant.
Montrez-nous les talons. Vous gâterez l'affaire
Si l'on vous trouve ici.

M. ADAM.

Vous me...

HECTOR.

Laissez-moi faire.

M. ADAM et M. GALONIER, *ensemble.*

Mais, monsieur...

HECTOR, *les mettant dehors.*

Que de bruit ! oh ! parbleu, détalez.

SCÈNE V.

VALÈRE, HECTOR.

HECTOR, *riant.*

Voilà des créanciers assez bien régalés.
Vous devriez pourtant, en fonds comme vous êtes...

VALÈRE.

Rien ne porte malheur comme payer ses dettes.

HECTOR.

Ah ! je ne dois donc plus m'étonner désormais
Si tant d'honnêtes gens ne les payent jamais.

SCÈNE VI.

LE MARQUIS, VALÈRE, HECTOR, TROIS LAQUAIS.

HECTOR.

Mais voici le marquis, ce héros de la mode.

VALÈRE.

Crois-tu que de ses airs jamais je m'accommode ?

LE MARQUIS, *vers la coulisse.*

Que ma chaise se tienne à deux cents pas d'ici.
Et vous, mes trois laquais, éloignez-vous aussi.
Je suis *incognito.*

(Les laquais sortent.)

SCÈNE VII.

LE MARQUIS, VALÈRE, HECTOR.

HECTOR, *à Valère.*

Que prétend-il donc faire ?

LE MARQUIS.

N'est-ce pas vous, monsieur, qui vous nommez Valère ?

VALÈRE.

Oui, monsieur, c'est ainsi qu'on m'a toujours nommé.

LE MARQUIS.

Jusques au fond du cœur j'en suis parbleu charmé.
Faites que ce valet à l'écart se retire.

VALÈRE, *à Hector.*

Va-t'en.

HECTOR.

Monsieur....

VALÈRE.

Va-t'en : faut-il te le redire ?

SCÈNE VIII.

LE MARQUIS, VALÈRE.

LE MARQUIS.

Savez-vous qui je suis ?

VALÈRE.

Je n'ai pas cet honneur.

LE MARQUIS, *à part.*

Courage ; allons marquis, montre de la vigueur :
(bas) *(haut.)*
Il craint. Je suis pourtant fort connu dans la ville ;
Et, si vous l'ignorez, sachez que je faufile
Avec ducs, archiducs, princes, seigneurs, marquis,
Et tout ce que la cour offre de plus exquis.
Petits-maîtres de robe à courte et longue queue.
J'aime les raffinés, et leur plais d'une lieue.
Je m'érige aux repas en maître architriclin ;
Je suis le chansonnier et l'âme du festin.
Je suis parfait en tout. Ma valeur est connue ;
Je ne me bats jamais qu'aussitôt je ne tue :
De cent jolis combats je me suis démêlé :
J'ai la botte trompeuse, et le jeu très brouillé.
Mes aïeux sont connus ; ma race est ancienne ;
Mon trisaïeul était vice-bailli du Maine.
J'ai le vol du chapon : ainsi, dès le berceau
Vous voyez que je suis gentilhomme manceau.

VALÈRE.

On le voit à votre air.

LE MARQUIS.

On est fait d'un modèle,
Qu'à vouloir égaler c'est perdre la cervelle.
Et que me faire obstacle en les honneurs des cours,
C'est prétendre arrêter un torrent dans son cours.

VALÈRE.

Je ne crois pas, monsieur, qu'on fût si téméraire.

LE MARQUIS.

On m'assure pourtant que vous le voulez faire.

VALÈRE.

Moi ?

LE MARQUIS.

Que, sans respecter ni rang ni qualité,
Vous nourrissez dans l'âme une velléité
De barrer mon chemin.

VALÈRE.

C'est pure médisance :
Je sais ce qu'entre nous le sort mit de distance.

LE MARQUIS, *bas.*

(haut.)

Il tremble. Savez-vous, monsieur du lansquenet,
Que j'ai de quoi rabattre ici votre caquet ?

VALÈRE.

Je le sais.

LE MARQUIS.

Vous croyez, en votre humeur caustique,
En agir avec moi comme avec l'as de pique ?

VALÈRE.

Moi, monsieur ?

LE MARQUIS, *bas.*

(haut.)

Il me craint. Vous faites le plongeon,
Petit noble à nasarde, enté sur sauvageon.

(Valère enfonce son chapeau.)

LE MARQUIS, *bas.*

(haut.)

Je crois qu'il a du cœur. Je retiens ma colère :
Mais...

VALÈRE, *mettant l'épée à la main.*

Vous le voulez donc ? Il vous faut satisfaire.

LE MARQUIS.

Bon, bon ! je ris.

VALÈRE.

Vos ris ne sont point de mon goût,
Et vos airs insolents ne plaisent point du tout.
Vous êtes un faquin...

LE MARQUIS.

Cela vous plait à dire.

VALÈRE.

Un fat, un malheureux...

LE MARQUIS.

Monsieur, vous voulez rire.

HECTOR.

Il faut voir sur le champ si les vice-baillis
Sont si francs du collier que vous l'avez promis.

LE MARQUIS.

Mais faut-il nous brouiller pour un sot point de gloire ?

VALÈRE.

Oh ! le vin est tiré, monsieur ; il faut le boire.

LE MARQUIS, *criant.*

Ah ! ah ! je suis blessé !

SCÈNE IX.

LE MARQUIS, VALÈRE, HECTOR.

HECTOR, *accourant.*

Quels desseins emportés... ?

LE MARQUIS, *mettant l'épée à la main.*

Ah ! c'est trop endurer...

HECTOR, *au marquis.*

Ah ! monsieur, arrêtez !

LE MARQUIS, *à Hector.*

Laissez-moi donc.

HECTOR, *au marquis.*

Tout beau !

VALÈRE, *à Hector.*

Cesse de le contraindre :
Va, c'est un malheureux qui n'est pas bien à craindre.

HECTOR, *au marquis.*

Quel sujet... ?

LE MARQUIS, *fièrement à Hector.*

Votre maître a certains petits airs...
(Valère s'approche du marquis).

LE MARQUIS, *effrayé, dit doucement.*

Et prend mal à propos les choses de travers.

On vient civilement pour s'éclaircir d'un doute,
Et monsieur prend la chèvre ; il met tout en déroute,
Fait le petit mutin. Oh ! cela n'est pas bien.

HECTOR, *au marquis.*

Mais encor, quel sujet ?

LE MARQUIS, *à Hector.*

Quel sujet ? moins que rien :
Un mot sur ma faveur à la cour. Si j'excelle...

HECTOR, *au marquis.*

Ah ! diable, c'est avoir une vieille querelle.
Sur vos terres restez ; mais sur les nôtres, non.

LE MARQUIS, *à part, mettant son épée dans le fourreau.*

Je le savais bien, moi, que j'en aurais raison.
Et voilà comme il faut se tirer d'une affaire.

HECTOR, *au marquis.*

N'auriez-vous point besoin d'un peu d'eau vulnéraire ?

LE MARQUIS, *à Valère.*

Je suis ravi de voir que vous avez du cœur,
Et que le tout se soit passé dans la douceur.
Serviteur. Vous et moi nous en valons deux autres.
Je suis de vos amis.

VALÈRE.

Je ne suis pas des vôtres.

SCÈNE X.

VALÈRE, HECTOR.

VALÈRE.

Voilà donc ce marquis, cet homme dangereux ?

HECTOR.

Oui, monsieur, le voilà.

VALÈRE.

C'est un grand malheureux.
Je crains que mes joueurs ne soient sortis du gîte ;
Ils ont trop attendu ; j'y retourne au plus vite.
J'ai dans le cœur, Hector, un bon pressentiment ;
Et je dois aujourd'hui gagner assurément.

HECTOR.

Votre cœur est, monsieur, toujours insatiable :
Ces inspirations viennent souvent du diable ;
Je vous en avertis, c'est un futé matois.

VALÈRE.

Elles m'ont réussi déjà plus d'une fois.

HECTOR.

Tant va la cruche à l'eau...

VALÈRE.

Paix. Tu veux contredire
A mon âge crois-tu m'apprendre à me conduire ?

FIN DU TROISIÈME ACTE.

ACTE QUATRIÈME.

—

SCÈNE I.

DORANTE.

Mon frère est dans l'erreur. Quiconque aime, aimera,
Et quiconque a joué, toujours joue, et jouera.
Certain docteur l'a dit ; ce n'est point menterie.
Sans craindre d'être pris, contre tous je parie
Tout ce que je possède en revenus d'un an,
Qu'à l'heure que je parle il est dans un brelan.
Je le saurai d'Hector qu'ici je vois paraître.

SCÈNE II.

DORANTE, HECTOR.

DORANTE.

Te voilà bien soufflant. En quels lieux est ton maître ?

HECTOR.

En quelque lieu qu'il soit, je réponds de son cœur ;
Il met à se ranger la plus sincère ardeur.

DORANTE.

Ce n'est point là, maraud, ce que l'on te demande.

HECTOR.

Maraud ! je vois qu'ici je suis de contrebande.

DORANTE.

Non, demeure un moment.

HECTOR.

Le temps me presse. Adieu.

DORANTE.

Tout doux. N'est-il pas vrai qu'il est en quelque lieu
Où, courant le hasard...

HECTOR.

Parlez mieux, je vous prie.
Mon maître n'a hanté de tels lieux de sa vie.

DORANTE.

Tiens, voilà deux louis. Ne me ments pas ; dis-moi
S'il n'est pas vrai qu'il joue à présent.

HECTOR.

Oh ! ma foi,
Il est bien revenu de cette folle rage,
Et n'aura pas de goût pour le jeu davantage.

DORANTE.

Mes soupçons étaient donc sans fondement, je vois.

HECTOR.

Il s'en donne aujourd'hui pour la dernière fois.

DORANTE.

Il jouerait donc encor ?

HECTOR.

Son mauvais sort, vous dis-je
Mieux que tous vos discours aujourd'hui le corrige.

DORANTE.

Quoi ?

HECTOR.

N'admirez-vous pas cette fidélité ?
Perdre exprès son argent pour n'être plus tenté !
Il sait que l'homme est faible il se met en défense.
Pour moi, je suis charmé de ce trait de prudence.

DORANTE.

Quoi ! ton maître jouerait au mépris d'un serment ?

HECTOR.

C'est la dernière fois, monsieur, absolument.
On le peut voir encor sur le champ de bataille ;
Il frappe à droite, à gauche, et d'estoc, et de taille ;
Il se défend, monsieur, encor comme un lion.
Je l'ai vu, dans l'effort de la convulsion,
Maudissant les hasards d'un combat trop funeste ;
De sa bourse expirante il ramassait le reste,
Et, paraissant encor plus grand dans son malheur,
Il vendait cher son sang et sa vie au vainqueur.

DORANTE.

Pourquoi l'as-tu quitté dans cette décadence ?

HECTOR.

Comme un aide de camp, je viens en diligence
Appeler du secours : il faut faire approcher

Notre corps de réserve ; et je m'en vais chercher
Deux cents louis qu'il a laissés dans sa cassette.
Sur cette question votre âme est satisfaite.
Les partis sont aux mains ; à deux pas on se bat.
Et les moments sont chers en ce jour de combat.
Nous allons nous servir de nos armes dernières,
Et des troupes qu'au jeu l'on nomme auxiliaires.

SCÈNE III.

DORANTE.

Il est clair maintenant, après cette action,
Que Valère a toujours sa folle passion.

(Il sort).

SCÈNE IV.

LE MARQUIS.

Eh bien ! marquis, tu vois, tout rit à ton mérite ;
Le rang, le cœur, le bien, tout pour toi sollicite :
Tu dois être content de toi par tout pays :
On le serait à moins. Allons, saute, marquis.
Quel bonheur est le tien ! Le ciel, à ta naissance,
Répandit sur tes jours une heureuse influence ;
Tu fus, par une fée, en naissant fait au tour ;
N'es-tu pas fait à peindre ? est-il homme à la cour

Qui de la tête aux pieds porte meilleure mine.
Une jambe mieux faite, une taille plus fine ?
Et pour l'esprit, parbleu, tu l'as des plus exquis :
Que te manque-t-il donc ? Allons, saute, marquis.
La nature, le ciel, l'honneur et la fortune,
De tes prospérités font leur cause commune ;
Tu soutiens ta valeur avec mille hauts faits ;
Tu chantes, danses, ris, mieux qu'on ne fit jamais :
Les yeux à fleur de tête, et les dents assez belles.
Tu reçois à la cour toujours faveurs nouvelles.
Et partout où tu vins, tu vis et tu vainquis ;
Que ton sort est heureux !

SCÈNE V.

HECTOR, LE MARQUIS.

LE MARQUIS.

Allons, saute, marquis.

HECTOR.

Attendez un moment. Quelle ardeur vous transporte !
Eh quoi ! monsieur, tout seul vous sautez de la sorte !

LE MARQUIS.

C'est un pas de ballet que je veux repasser.

HECTOR.

Mon maître, qui me suit, vous le fera danser.
Monsieur, si vous voulez.

LE MARQUIS.

Que dis-tu là ? ton maître !

HECTOR.

Oui, monsieur, à l'instant vous l'allez voir paraître.

LE MARQUIS.

En ces lieux je ne puis plus longtemps m'arrêter.
Pour cause nous devons tous deux nous éviter.
Quand ma verve me prend, je ne suis plus traitable :
Il est brutal, je suis emporté comme un diable ;
Il manque de respect pour les vice-baillis,
Et nous aurions du bruit. Allons, saute, marquis.

SCÈNE IV.

HECTOR.

Allons, saute, marquis. Un tour de cette sorte
Est volé d'un Gascon, ou le diable m'emporte.
Il vient de la Garonne. Oh ! parbleu, dans ce temps
Je n'aurais jamais cru les marquis si prudents.
Je ris ; et cependant mon maître à l'agonie
Cède en un lansquenet à son mauvais génie.

SCÈNE VII.

VALÈRE, HECTOR.

HECTOR.

Le voici. Ses malheurs sur son front sont écrits :
Il a tout le visage et l'air d'un premier pris.

VALÈRE.

Non, l'enfer en courroux, et toutes ses furies
N'ont jamais exercé de telles barbaries.
Je te loue, ô destin, de tes coups redoublés ;
Je n'ai plus rien à perdre, et tes vœux sont comblés.
Pour assouvir encor la fureur qui t'anime,
Tu ne peux rien sur moi ; cherche une autre victime.

HECTOR, *à part.*

Il est sec.

VALÈRE.

De serpents mon cœur est dévoré,
Tout semble en un moment contre moi conjuré.
(Il prend Hector à la cravate.)
Parle. As-tu jamais vu le sort et son caprice
Accabler un mortel avec plus d'injustice,
Le mieux assassiner ? Perdre tous les paris,
Vingt fois le coupe-gorge, et toujours premier pris !...
Réponds-moi donc, bourreau ?

HECTOR.

Mais ce n'est pas ma faute.

VALÈRE.

As-tu vu de tes jours trahison aussi haute ?
Sort cruel, ta malice a bien su triompher ;
Et tu ne me flattais que pour mieux m'étouffer.
Dans l'état où je suis je puis tout entreprendre,
Confus, désespéré, je suis prêt à me pendre.

HECTOR.

Heureusement pour vous, vous n'avez pas un sou
Dont vous puissiez, monsieur, acheter un licou.
Voudriez-vous souper ?

VALÈRE.

Que la foudre t'écrase !
Ah ! réprimons l'excès de l'ardeur qui m'embrase.

HECTOR, *à part.*

Notre bourse est à fond ; et, par un sort nouveau,
Le repentir commence à revenir sur l'eau.

VALÈRE.

Calmons le désespoir où la fureur me livre.
Approche ce fauteuil.

(Hector approche un fauteuil).

VALÈRE, *assis.*

Va me chercher un livre.

HECTOR.

Quel livre voulez-vous lire en votre chagrin ?

VALÈRE.

Celui qui te viendra le premier sous la main.
Il m'importe peu : prends dans ma bibliothèque

HECTOR *sort, et rentre tenant un livre.*

Voilà Sénèque.

VALÈRE.

Lis.

HECTOR.

Que je lise Sénèque ?

VALÈRE.

Oui. Ne sais-tu pas lire ?

HECTOR.

Hé ! vous n'y pensez pas !
Je n'ai lu de mes jours que dans des almanachs.

VALÈRE.

Ouvre, et lis au hasard.

HECTOR.

Je vais le mettre en pièces.

VALÈRE.

Lis donc.

HECTOR *lit.*

« CHAPITRE VI. *Du mépris des richesses.*
« La fortune offre aux yeux des brillants mensongers ;
« Tous les biens d'ici-bas sont faux et passagers ;
« Leur possession trouble, et leur perte est légère :
« Le sage gagne assez, quand il peut s'en défaire. »

Lorsque Senèque fit ce chapitre éloquent,
Il avait, comme vous, perdu tout son argent.

VALÈRE, *se levant.*

Vingt fois le premier pris ! Dans mon cœur il s'élève
(Il s'assied.)
Des mouvements de rage... Allons, poursuis, achève.

HECTOR.

« Que faut-il...

VALÈRE.

Je bénis le sort et ses revers,
Puisqu'un heureux malheur me rengage en vos fers.
Finis donc.

HECTOR.

« Que faut-il à la nature humaine ?
« Moins on a de richesse, et moins on a de peine.
« C'est posséder les biens que savoir s'en passer. »
Que ce mot est bien dit ! et que c'est bien penser !
Ce Sénèque, monsieur, est un excellent homme.
Etait-il de Paris ?

VALÈRE.

Non, il était de Rome.
Dix fois à carte triple être pris le premier !

HECTOR.

Ah ! monsieur, nous mourrons un jour sur un fumier.

VALÈRE.

Il faut que de mes maux enfin je me délivre :
J'ai cent moyens tout prêts pour m'empêcher de vivre,
La rivière, le feu, le poison, et le fer.

HECTOR.

Si vous vouliez, monsieur, chanter un petit air ;
Votre maître à chanter est ici : la musique
Peut-être calmerait cette humeur frénétique.

VALÈRE.

Que je chante !

HECTOR.

Monsieur...

VALÈRE.

Que je chante, bourreau !
Je veux me poignarder : la vie est un fardeau
Qui pour moi désormais devient insupportable.

HECTOR.

Vous la trouviez pourtant tantôt bien agréable :
Qu'un joueur est heureux ! sa poche est un trésor,
Sous ses heureuses mains le cuivre devient or,
Disiez-vous.

VALÈRE.

Ah ! je sens redoubler ma colère.

SCÈNE VIII.

GÉRONTE, VALÈRE, HECTOR.

HECTOR.

Monsieur, contraignez-vous ; j'aperçois votre père.

GÉRONTE.

Pour quel sujet, mon fils, criez-vous donc si fort ?
(à Hector.)
Est-ce toi, malheureux, qui causes ce transport ?

VALÈRE.

Non pas, monsieur.

HECTOR, *à Géronte.*

Ce sont des vapeurs de morale
Qui nous vont à la tête, et que Sénèque exhale.

GÉRONTE.

Qu'est-ce à dire, Sénèque ?

HECTOR.

Oui, monsieur : maintenant
Que nous ne jouons plus, notre unique ascendant
C'est la philosophie, et voilà notre livre :
C'est Sénèque.

GÉRONTE.

Tant mieux. Il apprend à bien vivre :
Son livre est admirable et plein d'instructions,
Et rend l'homme brutal maître des passions.

HECTOR.

Ah ! si vous aviez lu son traité des richesses,
Il nous fait triompher de toutes nos faiblesses.

GÉRONTE.

Hector en peu de temps est devenu docteur.

HECTOR.

Oui, monsieur, je saurai tout Sénèque par cœur.

GÉRONTE, *à Valère.*

Je vous cherche, mon fils, avec impatience,
Pour vous dire qu'enfin notre affaire s'avance.
Je quitte le notaire, et chacun est content.
Il faut sans plus tarder leur faire compliment.

VALÈRE.

Pénétré des bontés de celui qui m'envoie,
Je vais de cet emploi m'acquitter avec joie.

SCÈNE IX.

GÉRONTE, HECTOR.

HECTOR.

Il vous plaira toujours d'être mémoratif
D'un papier que tantôt, d'un air rébarbatif,
Et même avec scandale...

GÉRONTE.

Oui-dà : laisse-moi faire.
L'établissement fait, nous verrons cette affaire.

HECTOR.

J'irai donc, sur ce pied, vous visiter demain.

SCÈNE X.

GÉRONTE.

Grâces au ciel mon fils est dans le bon chemin :
Par mes soins paternels il surmonte la pente

Où l'entraînait du jeu la passion ardente.
Ah ! qu'un père est heureux qui voit en un moment
Un cher fils revenir de son égarement !

FIN DU QUATRIÈME ACTE.

ACTE CINQUIÈME.

SCÈNE I.

DORANTE, LE MARQUIS, M. LA RESSOURCE.

DORANTE.

Ah ! Monsieur La Ressource ! eh ! que venez-vous faire?

M. LA RESSOURCE.

Je cherche un cavalier pour finir une affaire...
On tâche, autant qu'on peut, dans son petit trafic,
A gagner ses dépens en servant le public.
(voyant le marquis.)
Cet homme m'est connu, et je me souviens comme...

LE MARQUIS, *à Dorante.*

Et que faites-vous donc en ce lieu de cet homme ?

DORANTE.

Vous le connaissez ?

LE MARQUIS.

Moi ? je ne sais ce que c'est.

M. LA RESSOURCE.

Ah ! je vous connais trop, moi, pour mon intérêt.
Quand vous résoudrez-vous, monsieur le gentilhomme
Fait du temps du déluge, à me payer ma somme,
Mes quatre cents écus prêtés depuis cinq ans ?

LE MARQUIS.

Pour me les demander vous prenez bien le temps.

M. LA RESSOURCE.

Je veux aux yeux de tous vous en faire avanie,
A toute heure, en tous lieux.

LE MARQUIS.

Vous rêvez. Je le nie.

M. LA RESSOURCE.

Voilà le grand merci d'obliger des ingrats.
Après l'avoir tiré d'un aussi vilain pas.
Baste...

DORANTE, *à M. La Ressource.*

Parlez, parlez.

M. LA RESSOURCE.

Non, non, il est trop rude
D'aller de ses parents montrer la turpitude.

DORANTE.

Comment donc ?

LE MARQUIS, *à part.*

Ah ! je grille.

M. LA RESSOURCE.

Au Châtelet, sans moi,
On le verrait encor vivre aux dépens du roi.

DORANTE.

Quoi ! monsieur le marquis...

M. LA RESSOURCE.

Lui, marquis ! c'est L'Epine,
Je suis donc marquis, moi, mari de sa cousine ?
Son père était huissier à verge dans le Mans.

LE MARQUIS.

(à part.)

Vous en avez menti. Maugrebleu des parents !

M. LA RESSOURCE.

Mon oncle n'était pas huissier ? qu'il t'en souvienne.

LE MARQUIS.

Son nom était connu dans le haut et bas Maine.

DORANTE.

Votre père était donc un marquis exploitant ?
Tout le monde ne peut, certes, en dire autant.

M. LA RESSOURCE.

C'est moi qui l'ai nourri quatre mois, sans reproche,
Quand il vint à Paris en guêtres par le coche.

LE MARQUIS.

D'accord, puisqu'on le sait, mon père était huissier,
Mais huissier à cheval ; c'est comme chevalier.
Qu'on juge mal ici le rang et le mérite !

J'en suis, parbleu, ravi. Pour le coup je vous quitte.
J'ai pour briller ailleurs mille talents acquis :
Je vais m'en consoler. Allons, saute, marquis.

(*Il sort.*)

SCÈNE II.

DORANTE, M. LA RESSOURCE.

DORANTE.

Il a pris son parti.

M LA RESSOURCE.

La rencontre est plaisante.
Je l'ai démarquisé bien loin de son attente :
J'en voudrais faire autant à tous les faux marquis.

DORANTE.

Vous auriez, par ma foi, fort à faire à Paris.
Vous avez découvert ici bien du mystère.

M. LA RESSOURCE.

De quoi s'avise-t-il de me rompre en visière.
Dans cet hôtel garni je suis venu pour voir
Un jeune cavalier. Je voudrais dès ce soir...
Mais avant, cher monsieur, il faut que je vous montre
Deux pendants de brillants que j'ai là de rencontre.
J'en ferai bon marché. Je crois que les voilà ;
Ils sont des plus parfaits. Non, ce n'est pas cela :
C'est un portrait de prix ; mais il n'est pas à vendre.

DORANTE.

Faites-le voir.

M. DE LA RESSOURCE.

Non, non : on doit me le reprendre.

DORANTE, *le lui prenant des mains.*

Oh ! je suis curieux ; il faut me montrer tout.
Que les brillants sont gros ! ils sont fort de mon goût.
Mais que vois-je, grands dieux ! quelle surprise extrême !
Aurais-je la berlue ? Hé ! ma foi, c'est lui-même.
Ah !...

M. LA RESSOURCE.

Qu'avez-vous, monsieur ; vous trouveriez-vous mal ?

DORANTE.

Le portrait de mon frère, en propre original.

M. LA RESSOURCE.

Ce portrait est à moi, monsieur, sans vous déplaire ;
Et j'ai prêté dessus mille écus à Valère.

DORANTE.

Son père, juste ciel ! voudra bien le ravoir.

M. LA RESSOURCE.

Ce portrait m'appartient, et je prétends l'avoir.

DORANTE.

Laissez-moi le garder un moment, je vous prie ;
Mon frère de son fils saura quelle est la vie.
Mais le voici qui vient. A trois ou quatre pas,
De grâce, éloignez-vous, et ne vous montrez pas.

M. LA RESSOURCE.

Mais pourquoi ?

DORANTE.

Du portrait ne soyez plus en peine.

M. LA RESSOURCE, *se retirant au fond de la scène.*

Tant que je ne l'ai pas mon âme est incertaine.

SCÈNE III.

VALÈRE, DORANTE, HECTOR,
M. LA RESSOURCE, *au fond du théâtre.*

DORANTE.

Valère, mon neveu, j'apprends avec bonheur
Que mon frère tantôt vous a fait possesseur
De son portrait, d'amour inestimable gage.
J'aimerais fort à voir sa précieuse image.

VALÈRE, *fouillant dans sa poche.*

Puisque vous le voulez, il faut vous le chercher.

HECTOR, *apercevant M. La Ressource.*

Ah ! nous sommes perdus. Il ne peut plus cacher
Qu'il a mis sans remords le portrait de son père
Aux mains d'un usurier. Quelle méchante affaire
Nous avons sur les bras.

VALÈRE, *à Hector.*

Qu'as-tu fait du portrait ?

HECTOR.

Du portrait ?

VALÈRE.

Oui, maraud : parle ; qu'en as-tu fait ?

HECTOR, *tendant la main par derrière, dit bas à M. La Ressource.*

Monsieur de La Ressource, un moment, sans paraître,
Prêtez-nous notre gage.

VALÈRE.

Ah, chien ! ah, double traître !
Tu l'as perdu.

HECTOR.

Monsieur...

VALÈRE, *mettant l'épée à la main.*

Il faut que ton trépas...

HECTOR, *à genoux.*

Ah ! monsieur, arrêtez, et ne me tuez pas ;
Pour garder sur mon cœur ces traits toute ma vie.
Je l'ai mis chez un peintre ; il m'en fait la copie.

VALÈRE.

Tu l'as mis chez un peintre ?

HECTOR.

Oui, monsieur.

VALÈRE.

Ah, maraud !
Va, cours me le chercher, et reviens au plutôt.

DORANTE, *montrant le portrait.*

Epargnez-lui ces pas : il n'est plus temps de feindre.
Le voici.

HECTOR, *à part.*

Nous voilà bien achevés de peindre.
Ah ! maroufle !

VALÈRE, *à Dorante.*

Le peintre...

DORANTE.

Avec de vains détours,
Ingrat, ne croyez pas qu'on m'abuse toujours.
Malgré tous vos serments, parjure, à la même heure,
Vous l'avez mis en gage !

VALÈRE.

Ah ! qu'à vos yeux je meure...

DORANTE.

Par cet infâme emprunt deviez-vous outrager
Un père ?

HECTOR, *bas à Valère.*

Nous devions tantôt le dégager ;
Et contre mon avis vous avez fait la chose.

M. LA RESSOURCE.

De tous vos débats, moi, je ne suis point la cause ;
Et je prétends avoir mon portrait, s'il vous plaît.

DORANTE.

Laissez-le moi garder, j'en paierai l'intérêt
Si fort qu'il vous plaira.

SCÈNE IV.

GÉRONTE, VALÈRE, HECTOR, DORANTE, M. LA RESSOURCE.

GÉRONTE.

Que mon âme est ravie
D'être sûr que mon fils enfin change de vie.
J'attendis bien longtemps ce fortuné moment,
Et votre cœur ressent le même empressement.
De vous trouver ici je suis ravi, mon frère,
Vous partagez ma joie en toute cette affaire.

DORANTE.

Hélas ! je le voudrais, mais il n'est que trop vrai
Que son lâche dédain pour le charmant portrait
Qu'il a reçu de vous, dans un jour de faiblesse
Où vous comptiez avoir tendresse pour tendresse,
Vous montre la fureur dont il est possédé.
Il osa l'engager. Ce honteux procédé
Doit vous ouvrir les yeux. Sa passion coupable
Etouffe ses remords. Cet acte détestable
A comblé la mesure. Ah ! père malheureux,
Quel affront ! je vous plains. . . .

GÉRONTE, *à Hector.*

Parle, toi, si tu peux ;
Explique ce mystère.

HECTOR.

Oh ! par ma foi, je n'ose ;
Ce récit est trop triste, en vers ainsi qu'en prose.

GÉRONTE.

Parle donc.

HECTOR.

Pour avoir mis, sans réflexion,
Le portrait de monsieur une heure en pension
(montrant M. La Ressource.)
Chez ce chien d'usurier, que Lucifer confonde,
On nous croit les plus grands coquins de tout le monde.

GÉRONTE.

Sans vouloir davantage ici l'interroger,
Sa folle passion m'en fait assez juger.
J'ai peine à retenir le courroux qui m'agite.
Fils indigne de moi, va, je te déshérite ;
Je ne veux plus te voir, après cette action,
Et te donne cent fois ma malédiction.

(Il sort.)

SCÈNE V.

VALÈRE, HECTOR, DORANTE,
M. LA RESSOURCE.

M. LA RESSOURCE, *à Dorante.*

Et mon portrait, monsieur, vous plaît-il me le rendre ?

DORANTE.

Vous n'aurez rien perdu dans ces lieux pour attendre.
Suivez-moi ; nous allons nous arranger tous deux.
(à Valère.)
Quelque autre fois, monsieur, vous serez plus heureux.
(Il sort.)

SCÈNE VI.

VALÈRE, HECTOR, M. LA RESSOURCE.

M. LA RESSOURCE, *faisant la révérence à Valère.*

En toute occasion soyez sûr de mon zèle.
(Il sort.)

HECTOR.

Adieu, tison d'enfer ! va, le diable t'appelle.

SCÈNE VII.

VALÈRE, HECTOR.

HECTOR.

Il faut donc que d'ici je tire mon enjeu.
Je vous quitte, monsieur, vous jouez trop gros jeu.

VALÈRE.

Où vas-tu donc ?

HECTOR.

Je vais à la bibliothèque,
Prendre un livre, et vous lire un traité de Sénèque.

VALÈRE.

Va, va, consolons-nous, Hector, et quelque jour
Le sort aura pour nous un fortuné retour.

FIN DU JOUEUR.

L'AVOCAT PATELIN

COMÉDIE PAR BRUEYS

PERSONNAGES :

MONSIEUR PATELIN, avocat.
HENRI, fils de Patelin.
MONSIEUR GUILLAUME, drapier.
VALÈRE, fils de Guillaume.
AGNELET, berger de Guillaume.
BARTHOLIN, juge du village.
UN PAYSAN.
DEUX RECORS.

(La scène est dans un village, près de Paris).

ACTE PREMIER.

SCÈNE I.

M. PATELIN, *seul.*

Cela est résolu ; il faut, aujourd'hui même, quoique je n'aie pas le sou, que je me donne un habit neuf. Ma foi, on a bien raison de le dire, il faudrait autant être ladre que d'être pauvre. Qui diantre, à me voir ainsi habillé, me prendrait pour un avocat ? Ne dirait-on pas plutôt que je serais un magister de ce bourg ? Depuis quinze jours, j'ai quitté le village où je demeurais pour venir m'établir en ce lieu-ci, croyant d'y faire mieux mes affaires. Elles vont de mal en pis. J'ai, de ce côté-là, pour voisin mon compère le juge du lieu. Pas un pauvre petit procès. De cet autre côté, un riche marchand drapier. Pas de quoi m'acheter un méchant habit. Ah ! pauvre Patelin, pauvre Patelin ! Comment feras-tu pour établir ton fils ? Qui diantre voudra de lui en te voyant ainsi déguenillé ? Il te faut bien, par force, avoir recours à l'industrie. Oui, tâchons adroitement à nous procurer, à crédit, un bon habit de drap dans la boutique de monsieur Guillaume notre voisin. Si je puis me donner l'extérieur d'un homme riche, tel qui me refuse mon fils... mais le voici ! D'où vient qu'il est si bien vêtu ?

SCÈNE II.

M. PATELIN, HENRI.

M. PATELIN.

Te voilà bien beau, mon fils ; d'où peux-tu avoir de quoi aller si proprement que tu vas ?

HENRI.

Mon père, il faut vous le dire. Valère, le fils unique de monsieur Guillaume, ce riche marchand drapier qui demeure là, est mon ami intime, et il me fait des présents de temps en temps. Le trouveriez-vous mauvais ?

M. PATELIN, *à part.*

Mon fils puise donc dans la boutique où j'ai dessein d'aller. (*haut.*) Mais où prend Valère de quoi faire ces présents ? Son père est un riche brutal qui ne lui donne rien.

HENRI.

J'ignore comme il s'y prend. Mais il m'aime assez pour ne pas vouloir me voir mal vêtu ; il dit que cela m'empêcherait de m'établir, et que votre mise misérable fait mal juger de vos affaires.

M. PATELIN, *à part.*

C'est à quoi je vais donner ordre. (*haut.*) J'avoue que je te porte tort, et j'ai fait dessein de me mettre aujourd'hui un peu proprement.

HENRI.

Vous, proprement ? et avec quoi ?

M. PATELIN, *voulant s'en aller.*

Ne t'en mets pas en peine. Adieu.

HENRI, *l'arrêtant.*

Et où allez-vous, s'il vous plaît ?

M. PATELIN.

Je vais m'acheter un habit de drap.

HENRI.

Sans avoir un sou, acheter un habit ?

M. PATELIN.

Oui. De quelle couleur me conseilles-tu de le prendre ? gris de fer, ou gris de more ?

HENRI.

Eh ! prenez-le comme vous pourrez, si vous trouvez quelqu'un assez sot pour vous le donner.

M. PATELIN.

Si l'on me demande, je serai ici, à la boutique de notre voisin.

(*Henri rentre*).

SCÈNE III.

M. PATELIN, *seul*.

Elle n'est pas encore fermée. Je songe que je ne ferai pas mal d'aller mettre ma robe : outre qu'elle cacherait ces guenilles, une robe donnera plus de poids à ce que je dois dire à monsieur Guillaume, pour venir à bout de mon dessein. (*L'apercevant.*) Le voilà avec son fils : allons nous mettre *in habitu*, et revenons promptement.

(*Il rentre*).

SCÈNE IV.

M. GUILLAUME *portant une pièce de drap brun,* VALÈRE.

M. GUILLAUME, *à part, étalant sa pièce de drap en dehors de sa boutique.*

On commence à ne voir guère clair dans la boutique : exposons ceci un peu plus à la vue des passants. (*à Valère.*) Oh ! çà, Valère, je t'avais dit de me chercher un berger pour garder le troupeau dont la laine sert à faire mes draps.

VALÈRE.

Est-ce, mon père, que vous n'êtes pas content d'Agnelet ?

M. GUILLAUME.

Non, car il me vole ; et je te soupçonne d'y avoir part.

VALÈRE.

Moi ?

M. GUILLAUME.

Oui, toi. Je sais que tu es grand ami de je ne sais quel jeune homme près d'ici, et que tu lui fais des présents. Cela fait que je te soupçonne.

VALÈRE, *à part.*

Qui diantre nous a découverts ? (*A M. Guillaume.*) Je vous assure, mon père, qu'Agnelet nous sert très fidèlement.

M. GUILLAUME.

Oui, toi ; mais non pas moi ; car depuis un mois qu'il a quitté le fermier avec qui il demeurait pour entrer à mon service, il me manque six vingts moutons et il n'est pas possible qu'en si peu de temps il en soit mort, comme il le dit, un si grand nombre de la clavelée.

VALÈRE.

Les maladies font quelquefois de grands ravages.

M. GUILLAUME.

Oui, avec des médecins ; mais les moutons n'en ont pas. D'ailleurs, cet Agnelet fait le nigaud ; mais c'est un niais, et le plus rusé coquin... Enfin, je l'ai pris sur le fait, tuant de nuit un mouton. Je l'ai battu, et je l'ai fait ajourner devant monsieur le juge. Cependant avant que de pousser plus loin l'affaire, j'ai voulu savoir si tu n'avais point quelque part au vol qu'il m'a fait.

VALÈRE.

Ah ! mon père, j'ai trop de respect pour vos moutons !

M. GUILLAUME.

Je vais donc le poursuivre en justice... Mais je veux examiner un peu mieux la chose. Donne-moi mon livre de compte. Approche cette chaise. (*Valère lui donne un livre et une chaise.*) C'est assez ; si un sergent, que j'ai envoyé quérir, me demande, fais-moi appeler. Je resterai encore un peu ici, en cas que quelque acheteur se présente.

VALÈRE, *à part.*

Allons dire à Agnelet qu'il vienne trouver mon père, pour s'accommoder avec lui. (*Il s'en va.*)

SCÈNE V.

M. PATELIN, M. GUILLAUME.

M. PATELIN, *à part.*

Bon ! le voilà seul : approchons.

M. GUILLAUME, *à part, feuilletant son livre.*

Compte du troupeau, etc... Six cents bêtes, etc.

M. PATELIN, *à part, lorgnant le drap.*

Voilà une pièce de drap qui ferait bien mon affaire. *(A M. Guillaume.)* Serviteur, Monsieur.

M. GUILLAUME, *sans le regarder.*

Est-ce le sergent que j'ai envoyé quérir ? qu'il attende.

M. PATELIN.

Non, monsieur, je suis...

M. GUILLAUME, *l'interrompant, en le regardant.*

Une robe ? Le procureur donc ? Serviteur.

M. PATELIN.

Non, monsieur, j'ai l'honneur d'être avocat.

M. GUILLAUME.

Je n'ai pas besoin d'avocat : je suis votre serviteur.

M. PATELIN.

Mon nom, monsieur, ne vous est sans doute pas inconnu ? Je suis Patelin, l'avocat.

M. GUILLAUME.

Je ne vous connais point, monsieur.

M. PATELIN, *à part.*

Il faut se faire connaître. (*A M. Guillaume.*) J'ai trouvé, monsieur, dans les mémoires de feu mon père, une dette qui n'a pas été payée, et .

M. GUILLAUME, *l'interrompant.*

Ce ne sont pas mes affaires ; je ne dois rien.

M. PATELIN.

Non, monsieur ; c'est, au contraire, feu mon père qui devait au vôtre trois cents écus ; et comme je suis homme d'honneur, je viens vous payer.

M. GUILLAUME.

Me payer ? Attendez, monsieur, s'il vous plaît ; je me remets un peu votre nom. Oui, je connais depuis longtemps votre famille. Vous demeuriez au village ici près : nous nous sommes connus autrefois. Je vous demande excuse ; je suis votre très humble et très obéissant serviteur. *(Lui offrant sa chaise.)* Asseyez-vous là, je vous prie, asseyez-vous là.

M. PATELIN.

Monsieur !

M. GUILLAUME.

Monsieur !

M. PATELIN, *s'asseyant.*

Si tous ceux qui me doivent étaient aussi exacts que moi à payer leurs dettes, je serais beaucoup plus riche que je ne suis ; mais je ne sais point retenir le bien d'autrui.

GUILLAUME.

C'est pourtant ce qu'aujourd'hui beaucoup de gens savent fort bien faire.

M. PATELIN.

Je tiens que la première qualité d'un honnête homme est de bien payer ses dettes ; et je viens savoir quand vous serez en commodité de recevoir vos trois cents écus.

M. GUILLAUME.

Tout à l'heure.

M. PATELIN.

J'ai chez moi votre argent tout prêt et bien compté ; mais il faut vous donner le temps de faire dresser une quittance par devant notaire. Ce sont des charges d'une succession qui regarde mon fils Henri, et j'en dois rendre un compte en forme.

M. GUILLAUME.

Cela est juste. Eh bien ! demain matin, à cinq heures.

M. PATELIN.

A cinq heures, soit. J'ai peut-être mal pris mon temps, monsieur Guillaume ? je crains de vous détourner.

M. GUILLAUME.

Point du tout ; je ne suis que trop de loisir ! on ne vend rien.

M. PATELIN.

Vous faites pourtant plus d'affaires vous seul que tous les négociants de ce lieu.

M. GUILLAUME.

C'est que je travaille beaucoup.

M. PATELIN.

C'est que vous êtes, ma foi, le plus habile homme de tout ce pays. *(Examinant la pièce de drap.)* Voilà un assez beau drap.

M. GUILLAUME.

Fort beau.

M. PATELIN.

Vous faites votre commerce avec une intelligence !

M. GUILLAUME.

Oh ! monsieur.

M. PATELIN.

Avec une habileté merveilleuse !

M. GUILLAUME.

Oh ! oh ! monsieur.

M. PATELIN.

Des manières nobles et franches, qui gagnent le cœur de tout le monde !

M. GUILLAUME.

Oh ! point, monsieur.

M. PATELIN.

Parbleu ! la couleur de ce drap fait plaisir à la vue.

M. GUILLAUME.

Je le crois. C'est couleur de marron.

M. PATELIN.

De marron? Que cela est beau! Gage, monsieur Guillaume, que vous avez imaginé cette couleur-là?

M GUILLAUME.

Oui, oui, avec mon teinturier.

M. PATELIN

Je l'ai toujours dit, il y a plus d'esprit dans cette tête-là que dans toutes celles du village.

M. GUILLAUME.

Ah! ah! ah!

M. PATELIN, *tâtant le drap.*

Cette laine me paraît assez bien conditionnée?

M. GUILLAUME.

C'est pure laine d'Angleterre.

M. PATELIN.

Je l'ai cru. A propos d'Angleterre, il me semble, monsieur Guillaume, que nous avons autrefois été à l'école ensemble.

M. GUILLAUME.

Chez monsieur Nicodème?

M. PATELIN.

Justement. Vous étiez beau comme l'amour?

M. GUILLAUME.

Je l'ai ouï-dire à ma mère.

M. PATELIN.

Et vous appreniez tout ce qu'on voulait.

M. GUILLAUME.

A dix-huit ans je savais lire et écrire.

M. PATELIN.

Quel dommage que vous ne vous soyez appliqué aux grandes choses ! savez-vous bien, monsieur Guillaume, que vous auriez gouverné un état ?

M. GUILLAUME.

Comme un autre.

M. PATELIN.

Tenez, j'avais justement dans l'esprit une couleur de drap comme celle-là. Il me souvient que ma femme veut que je me fasse un habit. Je songe que demain matin à cinq heures, en portant vos trois cents écus, je prendrai peut-être de ce drap.

M. GUILLAUME.

Je vous le garderai.

M. PATELIN, *à part.*

Le garderai !... Ce n'est pas là mon compte. *(A M. Guillaume.)* Pour racheter une rente, j'avais mis à part ce matin douze cents livres, où je ne voulais pas toucher ; mais je vois bien, monsieur Guillaume, que vous en aurez une partie.

M. GUILLAUME.

Ne laissez pas de racheter votre rente, vous aurez toujours de mon drap.

M. PATELIN.

Je le sais bien, mais je n'aime point à prendre à crédit... Que je prends de plaisir à vous voir frais et gaillard ! Quel air de santé et de longue vie !

M. GUILLAUME.

Je me porte bien.

M. PATELIN.

Combien croyez-vous qu'il me faudra de ce drap, afin qu'avec vos trois cents écus je porte aussi de quoi le payer ?

M GUILLAUME.

Il vous en faudra ... Vous voulez, sans doute, l'habit complet ?

M. PATELIN.

Oui, très complet, justaucorps, culotte et veste, doublés de même ; et le tout bien long et bien large.

M. GUILLAUME.

Pour tout cela, il vous en faudra .. oui... six aunes.., Voulez-vous que je les coupe en attendant ?

M. PATELIN.

En attendant. Non, monsieur, non, l'argent à la main, s'il vous plaît, l'argent à la main : c'est ma méthode.

M. GUILLAUME.

Elle est fort bonne... *(A part.)* Voici un homme très exact.

M. PATELIN.

Vous souvient-il, monsieur Guillaume, d'un jour que nous soupâmes ensemble à l'Ecu de France ?

M GUILLAUME.

Le jour qu'on fit la fête du village ?

M. PATELIN.

Justement : nous raisonnâmes, à la fin du repas, sur les affaires du temps ; que je vous ouïs dire de belles choses !

M. GUILLAUME

Vous vous en souvenez ?

M. PATELIN.

Si je m'en souviens ? Vous prédites dès lors tout ce que nous avons vu depuis dans Nostradamus.

M. GUILLAUME.

Je vois les choses de loin.

M. PATELIN.

Combien, monsieur Guillaume, me ferez-vous payer de l'aune de ce drap ?

M. GUILLAUME, *regardant la marque.*

Voyons... Un autre en payerait, ma foi, six écus ; mais allons. . je vous le baillerai à cinq écus.

M. PATELIN.

Le juif... *(à M. Guillaume.)* Cela est trop honnête ! Six fois cinq écus, ce sera justement...

M. GUILLAUME.

Trente écus.

M. PATELIN.

Oui, trente écus : le compte est bon .. Parbleu ! pour

renouveler connaissance, il faut que nous mangions demain à dîner une oie, dont un plaideur m'a fait présent.

M. GUILLAUME.

Une oie ! je les aime fort.

M. PATELIN.

Tant mieux ; touchez-là ; à demain à dîner. Ma femme les apprête à miracle !... Par ma foi, il me tarde qu'elle me voie sur le corps un habit de ce drap. Croyez-vous qu'en le prenant demain matin il soit fait à dîner ?

M. GUILLAUME.

Si vous ne donnez du temps au tailleur, il vous le gâtera.

M. PATELIN.

Ce serait grand dommage.

M. GUILLAUME.

Faites mieux. Vous avez, dites-vous, l'argent tout prêt ?

M. PATELIN.

Sans cela je n'y songerais pas.

M. GUILLAUME.

Je vais vous le faire porter chez vous par un de mes garçons. Il me souvient qu'il y en a là de coupé justement ce qu'il vous en faut.

M. PATELIN, *prenant le drap.*

Cela est heureux !

M. GUILLAUME.

Attendez. Il faut auparavant que je l'aune en votre présence.

M. PATELIN.

Bon ! est-ce que je ne me fie pas à vous ?

M. GUILLAUME.

Donnez, donnez ; je vais le faire porter, et m'enverrez par le retour...

M. PATELIN, *l'interrompant.*

Le retour .. Non, non ; ne détournez pas vos gens : je n'ai que deux pas à faire d'ici chez moi .. Comme vous dites, le tailleur aura plus de temps.

M. GUILLAUME.

Laissez-moi vous donner un garçon qui me rapportera l'argent.

M. PATELIN.

Eh ! point, point. Je ne suis pas glorieux : il est presque nuit ; et, sous ma robe, on prendra ceci pour un sac de procès.

M. GUILLAUME.

Mais, monsieur, je vais toujours vous donner un garçon pour me...

M. PATELIN, *l'interrompant.*

Eh ! point de façon, vous dis-je... A cinq heures précises trois cent trente écus, l'oie à dîner... Oh ! çà il se fait tard : adieu, mon cher voisin, serviteur... Eh ! serviteur.

M. GUILLAUME.

Serviteur, monsieur, serviteur.

(M. Patelin, rentre chez lui).

SCÈNE VI.

M. GUILLAUME, *seul.*

Il s'en va, parbleu, avec mon drap ; mais il n'y a pas loin d'ici à cinq heures du matin. Je dîne demain chez lui, et il me paiera, il me paiera... Voilà, parbleu, un des plus honnêtes et des plus consciencieux avocats que j'aie vus de ma vie ! J'ai quelque regret de lui avoir vendu ce drap un peu trop cher, puisqu'il veut bien me payer trois cents écus, sur lesquels je ne comptais point ; car, je ne sais d'où diable peut me venir cette dette... Mais, à la bonne heure... Oh ! çà, il se fait nuit, et voilà, je pense, tout ce que je gagnerai aujourd'hui... *(Appelant.)* Holà ! holà ! qu'on enferme tout cela là-dedans .. Mais voici, je crois, ce coquin d'Agnelet qui m'a volé mes moutons.

SCÈNE VII.

AGNELET, M. GUILLAUME.

M. GUILLAUME.

Ah ! ah ! voleur... Je puis bien faire ici de bonnes affaires ; ce scélérat m'emporte tout le profit.

AGNELET.

Bon vêpre, monsieur, et bonne nuit.

M. GUILLAUME.

Tu oses encore te présenter devant moi ?

AGNELET.

C'est, ne vous déplaise, mon bon maître, qu'un monsieur m'a baillé certain papier, qui parle, dit-on, de moutons, de juge et d'ajournerie.

M. GUILLAUME.

Tu fais le benêt ; mais je t'assure que tu ne tueras jamais plus mouton qu'il ne t'en souvienne.

AGNELET.

Eh ! mon doux maître, ne croyez pas les médisants.

M. GUILLAUME.

Les médisants, coquin ! Ne t'ai-je pas trouvé de nuit tuant un mouton ?

AGNELET.

Par cette âme, c'était pour l'empêcher de mourir.

M. GUILLAUME.

Le tuer pour l'empêcher de mourir !

ANELET.

Oui, de la clavelée, à cause, ne vous déplaise, que quand ils mouriont de vilain mal, il faut les jeter; et on les tue avant qu'ils mouriont.

M. GUILLAUME.

Qu'ils mourient ! Le traître ! des moutons dont la laine me fait des draps d'Angleterre, que je vends cinq écus l'aune. Ote-toi d'ici, scélérat ! six vingt moutons en un mois !

AGNELET.

Ils gâtiont les autres, par ma fi.

M. GUILLAUME.

Nous verrons cela demain devant M. le juge.

AGNELET.

Eh ! mon doux maître, contentez-vous de m'avoir assommé, comme vous voyez, et accordons ensemble, si c'est votre bon plaisir.

M. GUILLAUME.

Mon bon plaisir est de te faire pendre, entends-tu ?

AGNELET.

Le ciel vous donne joie !

(M. Guillaume rentre chez lui.)

SCÈNE VIII.

AGNELET, *seul.*

Il faut donc que j'aille trouver un avocat pour défendre mon bon droit.

SCÈNE IX.

M. PATELIN, HENRI.

M. PATELIN.

Eh bien ! mon fils, ce drap est-il bien choisi ?

HENRI.

Oui, mais avec quoi le payer ? Vous l'avez promis à demain matin ; ce monsieur Guillaume est un arabe, qui viendra ici faire le diable à quatre.

M. PATELIN.

Lorsqu'il viendra, songe seulement à faire ce que je t'ai dit, et à me bien seconder

HENRI.

Il faut, malgré moi, que j'aide à vous en sortir ; mais je rougis de ce que j'aurai à faire. Ce n'est point du tout agir en honnête homme.

M. PATELIN.

Eh ! mon Dieu, en honnête homme ! Il n'est rien de plus aisé quand on est riche, d'être honnête homme ; c'est quand on est pauvre, qu'il est difficile de l'être. Mais laissons tout cela ; faisons ce soir même couper cet habit, de peur d'accident.

HENRI.

Je crains bien que demain matin il n'arrive ici quelque désordre.

FIN DU PREMIER ACTE.

ACTE SECOND

—

SCÈNE I.

M. GUILLAUME, *seul sur la scène*, M. PATELIN, *dans sa maison.*

M. GUILLAUME, *à part.*

Il est du devoir d'un homme bien réglé de récapituler le matin ce qu'il s'est proposé de faire dans sa journée ; voyons un peu. Premièrement, je dois recevoir, à cinq heures, trois cents écus de monsieur Patelin, pour une dette de feu son père ; plus, trente écus pour six aunes de drap qu'il prit hier ici ; *item*, une oie à dîner chez lui, apprêtée de la main de sa femme : après cela, comparaître à l'ajournement devant le juge contre Agnelet, pour six-vingt moutons qu'il m'a volés. Je pense que voilà tout. (*Regardant sa montre.*) Mais, ouais ! il y a longtemps que l'heure est passée, et je ne vois point venir mon homme : allons le trouver. Non, un homme si exact ne me manquera pas de parole. Cependant il a mon drap, et je n'ai point de ses nouvelles ? Que faire ? Faisons semblant de lui rendre visite, et sachons un peu de quoi il est question. (*Écou-*

tant à la porte de M. Patelin.) Je crois qu'il compte mon argent. *(Flairant à la porte)*. Je sens qu'on apprête l'oie. Frappons. *(Il frappe.)*

M. PATELIN, *dans la maison.*

Hen... ri.

M. GUILLAUME, *à part.*

C'est lui-même.

M. PATELIN, *dans la maison.*

Ouvrez la porte. . voilà l'apothicaire.

M. GUILLAUME, *à part.*

L'apothicaire !

M. PATELIN, *dans la maison.*

Qui m'apporte l'émétique, l'éméti... i... que

M. GUILLAUME, *à part.*

L'émétique ! C'est quelqu'un qui est malade chez lui, et je puis n'avoir pas bien reconnu sa voix à travers la porte. Frappons encore plus fort. *(Il frappe.)*

M. PATELIN, *dans la maison.*

Ma... a... que! ouvriras-tu... u...

SCÈNE II.

HENRI, M. GUILLAUME.

HENRI, *à voix basse.*

Ah ? c'est vous, monsieur Guillaume ?

M. GUILLAUME.

Oui, c'est moi .. vous êtes sans doute le fils de M. Patelin ?

HENRI.

A vous servir. Pardon, monsieur, je n'ose parler haut.

M. GUILLAUME.

Oh ! parlez comme il vous plaira ; je viens voir monsieur Patelin.

HENRI.

Parlez plus bas, monsieur, s'il vous plaît.

M. GUILLAUME.

Et pourquoi bas ? Je viens, vous dis-je, lui rendre visite.

HENRI.

Encore plus bas, je vous prie.

M. GUILLAUME.

Si bas qu'il vous plaira, mais il faut que je le voie.

HENRI.

Hélas ! le pauvre homme, il est bien en état d'être vu !

M. GUILLAUME.

Comment ! que lui serait-il arrivé depuis hier ?

HENRI.

Depuis hier ? Hélas ! monsieur Guillaume, il y a huit jours qu'il n'a bougé du lit.

M. GUILLAUME.

Du lit ? il vint pourtant hier chez moi.

HENRI.

Lui chez vous ?

M. GUILLAUME.

Lui chez moi ; et il était même fort gaillard et fort dispos.

HENRI.

Ah ! monsieur, il faut, sans doute, que cette nuit vous ayez rêvé cela.

M. GUILLAUME.

Ah ! parbleu, ceci n'est pas mauvais, rêvé ! Et mes six aunes de drap qu'il emporta, l'ai-je rêvé ?

HENRI.

Six aunes de drap ?

M. GUILLAUME.

Oui, six aunes de drap, couleur de marron ; et l'oie que nous devons manger à dîner, eh ! l'ai-je rêvé ?

HENRI.

Que vous prenez mal votre temps pour rire !

M. GUILLAUME.

Pour rire ? ventrebleu ! je ne ris point, et n'en ai nulle envie. Je vous soutiens qu'il emporta hier sous sa robe six aunes de drap.

HENRI.

Hélas ! le pauvre homme, plût au ciel qu'il fût en

état de l'avoir fait ! .. Ah ! monsieur Guillaume, il eut tout hier un transport au cerveau, qui le jeta dans la rêverie, où je crois qu'il est encore.

M. GUILLAUME.

Oh ! par la tête-bleu ! vous rêvez vous-même, et je veux absolument lui parler.

HENRI.

Oh ! pour cela, en l'état où il est, il n'est pas possible; nous l'avons mis là sur un fauteuil auprès de la porte, pour faire son lit ; si vous le voyiez, il vous ferait pitié.

M. GUILLAUME.

Bon, bon, pitié !... (*voulant entrer chez M. Patelin.*) En quelque état qu'il soit, je prétends le voir, ou...

HENRI, *l'interrompant, et l'empêchant d'ouvrir la porte.*

Ah ! n'ouvrez pas cette porte, vous allez tuer mon père. Il lui prend de temps en temps des envies de courir... (*voyant paraître M. Patelin, qui accourt la tête enveloppée de chiffons.*) Ah ! le voilà parti.

SCÈNE III.

M. PATELIN, HENRI, M. GUILLAUME.

HENRI, *à M. Guillaume.*

Je vous l'avais bien dit... Aidez-moi à le reprendre... (*A M. Patelin.*) Mon pauvre père, reposez-vous là. (*Il arrête M. Patelin, et il va chercher un fauteuil à l'entrée de sa maison, pour le faire asseoir.*)

M. PATELIN, *assis et criant.*

Aïe, aïe ! la tête !

M. GUILLAUME, *à part.*

En effet, voilà un homme en un piteux état !.. Il me semble pourtant que c'est le même d'hier, ou peu s'en faut... Voyons de plus près... *(A M. Patelin.)* Monsieur Patelin, je suis votre serviteur.

M. PATELIN.

Ah ! bon jour, monsieur Anodin.

M. GUILLAUME.

Monsieur Anodin !

HENRI.

Il vous prend pour l'apothicaire ; allez-vous-en.

M. GUILLAUME.

Je n'en ferai rien... *(A M. Patelin.)* Monsieur, vous vous souvenez bien qu'hier...

M. PATELIN, *l'interrompant.*

Oui, je vous ai fait garder ..

M. GUILLAUME, *à part.*

Bon ! il s'en souvient.

M. PATELIN.

Un grand verre plein...

M. GUILLAUME.

Je n'ai que faire d'un verre...

M. PATELIN, *à Henri.*

Mon fils, fais le voir à M. Anodin ; il verra si j'ai quelque embarras dans les...

M. GUILLAUME.

Bon, bon, embarras, Monsieur, je veux être payé.

M. PATELIN.

Si vous pouviez un peu éclaircir mes matières ; elles sont dures comme du fer, et noires comme votre barbe.

M. GUILLAUME.

Pa, pa, pa, voilà me payer en belle monnaie !

HENRI.

Eh ! monsieur, sortez d'ici.

M. GUILLAUME.

Bagatelles ! *(A M. Patelin.)* Voulez-vous me compter de l'argent ? Je veux être payé.

M. PATELIN.

Ne me donnez plus de ces vilaines pilules ; elles ont failli à me faire rendre l'âme.

M. GUILLAUME.

Je voudrais qu'elles t'eussent fait rendre mon drap !

M. PATELIN, *à Henri.*

Mon fils, chasse, chasse ces papillons noirs qui volent autour de moi.... Comme ils montent !

M. GUILLAUME, *à Henri.*

Je n'en vois point.

HENRI.

Eh ! ne voyez-vous pas qu'il rêve ? Allez-vous-en.

M. GUILLAUME.

Tarare ! je veux de l'argent.

M. PATELIN.

Lès médecins m'ont tué avec leurs drogues.

M. GUILLAUME, *à Henri.*

Il ne rêve pas à présent. Il faut que je lui parle. *(A M. Patelin.)* Monsieur Patelin ?

M. PATELIN.

Je plaide, messieurs, pour Homère.

M. GUILLAUME.

Pour Homère !

M. PATELIN.

Contre la nymphe Calypso.

M. GUILLAUME.

Calypso ! que diable est ceci ?

HENRI.

Il rêve, vous dis-je. Allez-vous-en : sortez, je vous prie.

M. GUILLAUME.

A d'autres.

M. PATELIN.

Les prêtres de Jupiter... les Corybantes... Il l'a pris, il l'emporta... Au chat ! au chat ! Adieu mon lard !

M. GUILLAUME.

Oh ! çà, quand vous aurez assez rêvé, me paierez-vous au moins mes trente écus ?

M. PATELIN.

Sa grotte ne retentissait plus du doux chant de sa voix...

M. GUILLAUME, *à part.*

Ouais ! aurais-je pris quelqu'autre pour lui ?

HENRI.

Eh ! monsieur, laissez en repos ce pauvre homme.

M. GUILLAUME.

Attendez : il aura peut-être quelqu'intervalle. Il me regarde comme s'il voulait me parler.

M. PATELIN.

Ah ? monsieur Guillaume !

M. GUILLAUME, *à Henri.*

Oh ! il me reconnaît. *(A M. Patelin.)* Eh bien ?

M. PATELIN.

Je vous demande pardon.

M. GUILLAUME, *à Henri.*

Vous voyez s'il s'en souvient.

M. PATELIN, *à M. Guillaume.*

Si, depuis quinze jours que je suis dans ce village, je ne vous suis pas allé voir.

M. GUILLAUME.

Morbleu ! ce n'est pas là mon compte. Cependant hier....

M. PATELIN.

Oui, hier, pour vous aller faire mes excuses, je vous envoyai un procureur de mes amis.

M. GUILLAUME, *à part.*

Ventrebleu ? celui-là aura eu mon drap. Un procureur ! je ne le verrai de ma vie. (*A M. Patelin.*) Mais c'est une invention, et nul autre que vous n'a eu mon drap ; à telles enseignes...

HENRI.

Eh ! monsieur, si vous lui parlez d'affaires, vous l'allez tuer.

M. GUILLAUME.

A la bonne heure. (*A M. Patelin.*) A telles enseignes que feu votre père devait au mien trois cents écus. Ventrebleu ! je ne m'en irai point d'ici sans drap ou sans argent.

M. PATELIN, *se levant.*

La cour remarquera, s'il lui plaît, que la Pyrrhique était une certaine danse, ta ral, la, la, la. (*Prenant M. Guillaume et le faisant danser.*) Dansons tous, dansons tous. Ma commère, quand je danse...

M. GUILLAUME.

Oh ! je n'en puis plus ; mais je veux de l'argent.

M. PATELIN, *à part.*

Oh ! je te ferai bien décamper. (*A Henri.*) Mon fils, mon fils, j'entends des voleurs qui ouvrent notre porte : ne les entends-tu pas ? Ecoutons Paix, paix ; écoutons. Oui... les voilà... je les vois... Ah ? coquins, je vous chasserai bien d'ici... Ma hallebarde, ma hallebarde. (*Il va prendre une hallebarde à l'entrée de sa maison, et revient.*) Au voleur, au voleur.

M. GUILLAUME, *à part.*

Tubleu ! il ne fait pas bon ici. Morbleu ? tout le

monde me vole ; l'un mon drap, l'autre mes moutons ; mais, en attendant que je tire raison de celui-là, allons songer à faire pendre l'autre.

(Il s'en va.)

SCÈNE IV.

M. PATELIN, HENRI.

HENRI.

Bon ! le voilà parti : je me retire ; mais demeurez encore là un moment, en cas qu'il revînt.

M. PATELIN, *croyant voir revenir M. Guillaume.*

Le voici. Au voleur. C'est M. Bartolin. Il m'a vu.

(Henri sort.)

SCÈNE V.

M. BARTOLIN, M. PATELIN.

M. BARTOLIN.

Qui crie au voleur ? quel bruit fait-on à ma porte ? quel désordre est ceci ? Ah ! ah ! c'est vous, mon compère ?

M. PATELIN.

Oui, c'est moi qui ..

M. BARTOLIN.

En cet équipage ?

M. PATELIN.

C'est que... j'ai cru.

M. BARTOLIN.

Un avocat sous les armes !

M. PATELIN.

J'ai cru entendre des...

M. BARTOLIN.

Militant causarum patroni.

M. PATELIN.

C'est que, vous dis-je, j'ai cru entendre des voleurs qui crochetaient ma porte.

M. BARTOLIN.

Crocheter une porte, *coram judice.*

M. PATELIN.

Je croyais, vous dis-je, qu'il y eût des voleurs.

M. BARTOLIN.

Il en faut faire informer.

M. PATELIN, *l'interrompant.*

Mais il n'y en avait point.

M. BARTOLIN, *sans l'écouter.*

Faire ouïr des témoins...

M. PATELIN, *l'interrompant.*

Et contre qui ?

M. BARTOLIN, *sans l'écouter.*

Et les faire pendre.

M. PATELIN, *l'interrompant.*

Et qui pendre ?

M. BARTOLIN, *sans l'écouter.*

Point de quartier aux voleurs !

M. PATELIN.

Je vous dis encore une fois qu'il n'y en avait point, et que je me suis trompé.

M. BARTOLIN.

Ah ! ah ! cela étant ainsi, *cedant arma togæ.* Allez quitter cette hallebarde et prendre votre robe pour venir à l'audience que je donnerai ici dans une heure.

(Il s'en va.)

SCÈNE VI.

M. PATELIN, *seul.*

C'est aussi ce que je vais faire. Je dois plaider pour certain berger. Je pense que le voici. Allons quitter cet équipage et revenons promptement.

(Il rentre chez lui.)

SCÈNE VII.

M. PATELIN, AGNELET.

M. PATELIN, *à part.*

Ah, ah ! je connais ce drôle-ci. (*A Agnelet.*) N'est-ce pas toi qui as fiancé ma servante Colette ?

AGNELET.

Oui, monsieur, oui.

M. PATELIN.

Vous étiez deux frères, que je garantis des galères : l'un de vous deux ne me paya point.

AGNELET.

C'était mon frère.

M. PATELIN.

Vous fûtes malades au sortir de prison, et l'un de vous deux mourut.

AGNELET.

Ce ne fut pas moi.

M. PATELIN.

Je le vois bien.

AGNELET.

Je fus pourtant plus malade que mon frère. Enfin, je viens vous prier de plaider pour moi contre mon maître.

M. PATELIN.

Ton maître est-ce ce fermier d'ici près ?

AGNELET.

Il ne demeure pas loin d'ici, et je vous paierai bien.

M. PATELIN.

Je le prétends bien ainsi. Oh ! çà, raconte-moi ton affaire, sans me rien déguiser.

AGNELET.

Vous saurez donc que mon bon maître me paie petitement mes gages ; et que, pour m'indommager, sans lui faire tort, je fais quelque petit négoce avec un boucher, homme de bien.

M. PATELIN.

Quel négoce fais-tu ?

AGNELET.

Sauf votre grâce, j'empêche les moutons de mourir de la clavelée.

M. PATELIN.

Il n'y a point là de mal. Et que fais-tu pour cela ?

AGNELET.

Ne vous déplaise, je les tue quand ils ont envie de mourir.

M. PATELIN.

Le remède est sûr ; mais ne les tues-tu pas exprès pour faire croire à ton maître qu'ils sont morts de ce mal, et qu'il les faut jeter à la voirie, afin de les vendre, et de garder l'argent pour toi ?

AGNELET.

C'est ce que dit mon doux maître, à cause que l'autre nuit... quand j'eus enfermé le troupeau... il vit que je pris.... un.... Dirai-je tout ?

M. PATELIN.

Oui, si tu veux que je plaide pour toi.

AGNELET.

L'autre nuit, donc, il vit que je pris un gros mouton qui se portait bien. Ma fi ! sans y penser, ne sachant que faire... je lui mis tout doucement mon couteau auprès de la gorge : tant y a, que je ne sais comment cela se fit ; mais il mourut d'abord.

M. PATELIN.

J'entends. Quelqu'un te vit-il faire ?

AGNELET.

Mon maître était caché dans la bergerie. Il me dit que j'en avais fait autant de six vingts moutons qui lui manquaient. Or, vous saurez que c'est un homme qui dit toujours la vérité. Il me battit comme vous voyez ; et je vais me faire trépaner. Or, je vous prie, comme vous êtes avocat, de faire en sorte qu'il ait tort et que j'aie raison, afin qu'il ne m'en coûte rien.

M. PATELIN.

Je comprends ton affaire. Il y a deux voies à prendre ; par la première, il ne t'en coûtera pas un sol.

AGNELET.

Prenons celle-là, je vous prie.

M. PATELIN.

Soit. Tout ton bien est en argent ?

AGNELET.

Ma fi, oui.

M. PATELIN.

Il te le faut bien cacher.

AGNELET.

Aussi ferai-je.

M. PATELIN.

Ton maître sera contraint de payer tous les dépens.

AGNELET.

Tant mieux.

M. PATELIN.

Et sans qu'il t'en coûte ni denier ni maille.

AGNELET.

C'est ce que je demande.

M. PATELIN.

Il sera obligé, s'il veut, de te faire pendre.

AGNELET.

Prenons l'autre, s'il vous plaît.

M. PATELIN.

Le voici : on va te faire venir devant le juge.

AGNELET.

Il est vrai.

M. PATELIN.

Souviens-toi bien de ceci.

AGNELET.

J'ai bonne souvenance.

M. PATELIN.

A toutes interrogations qu'on te fera, soit le juge, soit l'avocat de ton maître, soit moi-même, ne réponds autre chose que ce que tu entends dire tous les jours à tes bêtes à laine. Tu sauras bien parler leur langage et faire le mouton ?

AGNELET.

Cela n'est pas bien difficile.

M. PATELIN.

Les coups que tu as à la tête me font aviser d'une adresse qui pourra te garantir ; mais je prétends ensuite être bien payé.

AGNELET.

Ainsi serez-vous, par cette âme !

M. PATELIN.

Monsieur Bartolin va tout à l'heure donner audience ; ne manque point de revenir ici : tu m'y trouveras. Adieu. N'oublie pas de porter de l'argent.

AGNELET.

Serviteur. Que les gens de bien ont de peine à vivre !

FIN DU SECOND ACTE.

ACTE TROISIÈME.

—

SCÈNE I.

M. BARTOLIN, M. PATELIN, AGNELET.

M. BARTOLIN, *à M. Patelin.*

Or sus, les parties peuvent comparaître.

M. PATELIN, *bas, à Agnelet.*

Quand on t'interrogera, ne réponds que de la manière que je t'ai dit.

M. BARTOLIN, *à M. Patelin.*

Quel homme est-ce là ?

M. PATELIN.

Un berger qui a été battu par son maître, et qui au sortir d'ici va se faire trépaner.

M. BARTOLIN.

Il faut attendre l'adverse partie, son procureur ou son avocat... Mais que nous veut monsieur Guillaume.

SCÈNE II.

M. GUILLAUME, M. BARTOLIN, M. PATELIN, AGNELET.

M. GUILLAUME, *à M. Bartolin.*

Je viens plaider moi-même mon affaire.

M. PATELIN, *bas, à Agnelet.*

Ah ! traître, c'est contre monsieur Guillaume.

AGNELET.

Oui, c'est mon bon maître.

M. PATELIN, *à part.*

Tâchons de nous tirer d'ici.

M. GUILLAUME.

Ouais ! quel homme est-ce là ?

M. PATELIN.

Monsieur, je ne plaide que contre un avocat.

M. GUILLAUME.

Je n'ai pas besoin d'avocat... *(à part.)* Il a quelque chose de son air.

M. PATELIN.

Je me retire donc.

M. BARTOLIN.

Demeurez et plaidez.

M. PATELIN.

Mais, monsieur...

M. BARTOLIN.

Demeurez, vous dis-je. Je veux au moins avoir un avocat à mon audience. Si vous sortez, je vous raye de la matricule.

M. PATELIN, *à part, se cachant la figure avec son mouchoir.*

Cachons-nous du mieux que nous pourrons.

M. BARTOLIN, *à M. Guillaume.*

Monsieur Guillaume, vous êtes le demandeur ; parlez.

M. GUILLAUME.

Vous saurez, monsieur, que ce maraud-là...

M. BARTOLIN, *l'interrompant.*

Point d'injures.

M. GUILLAUME.

Eh bien ! que ce voleur...

M. BARTOLIN, *l'interrompant.*

Appelez-le par son nom, ou celui de sa profession.

M. GUILLAUME.

Tant y a, vous dis-je, monsieur, que ce scélérat de berger m'a volé six vingts moutons.

M. PATELIN.

Céla n'est point prouvé.

M. BARTOLIN.

Qu'avez-vous avocat ?

M. PATELIN.

Un grand mal aux dents.

M. BARTOLIN.

Tant pis ; continuez.

M. GUILLAUME, *à part.*

Parbleu ! cet avocat ressemble un peu à celui de mes six aunes de drap.

M. BARTOLIN.

Quelle preuve avez-vous de ce vol ?

M. GUILLAUME.

Quelle preuve ! Je lui vendis hier... Je lui ai baillé en garde six aunes... six cents moutons, et je n'en trouve à mon troupeau que quatre cent quatre-vingt.

M. PATELIN.

Je nie ce fait.

M. GUILLAUME, *à part.*

Ma foi, si je ne venais de voir l'autre dans la rêverie, je croirais que voilà mon homme.

M. BARTOLIN.

Laissez-là votre homme, et prouvez le fait.

M GUILLAUME.

Je le prouve par mon drap .. je veux dire par mon livre de compte. Que sont devenues les six aunes... les six vingts moutons qui manquent à mon troupeau ?

M. PATELIN.

Ils sont morts de la clavelée.

M. GUILLAUME.

Têtebleu ! je crois que c'est lui-même.

M. BARTOLIN.

On ne nie pas que ce ne soit lui-même. *Non est questio de persona.* On vous dit que vos moutons sont morts de la clavelée. Que répondez-vous à cela ?

M. GUILLAUME.

Je réponds, sauf votre respect, que cela est faux ; qu'il emporta sous... qu'il a tués pour les vendre, et qu'hier, moi-même... (*à part.*) Oh ! c'est lui... (*à M. Bartolin.*) Oui, je lui vendis six... six... je le trouvai sur le fait, tuant de nuit un mouton.

M. PATELIN, *à M. Bartolin.*

Pure invention, monsieur, pour s'excuser des coups qu'il a donnés à ce pauvre berger, qui au sortir d'ici, comme je vous l'ai dit, va se faire trépaner.

M. GUILLAUME, *à M. Bartolin.*

Parbleu ? monsieur le juge, il n'est rien de plus véritable ; c'est lui-même. Oui, il emporta hier de chez moi six aunes de drap, et ce matin, au lieu de me payer trente écus...

M. BARTOLIN.

Que diantre font ici six aunes de drap et trente écus ? Il est, ce me semble, question de moutons volés ?

M. GUILLAUME.

Il est vrai, monsieur : c'est une autre affaire ; mais nous y viendrons après. Je ne me trompe pourtant point.

Vous saurez donc, que je m'étais caché dans la bergerie... (*à part.*) Oh ! c'est lui, très assurément. (*à M. Bartolin.*) Je m'étais donc caché dans la bergerie ; je vis venir ce drôle : il s'assit là, il prit un gros mouton... et... avec de belles paroles, il fit si bien, qu'il m'emporta six aunes.

M. BARTOLIN.

Six aunes de moutons ?

M. GUILLAUME.

Non, de drap, lui... Mogrebleu de l'homme !

M. BARTOLIN.

Laissez-là ce drap et cet homme, et revenez à vos moutons.

M. GUILLAUME.

J'y reviens. Ce drôle donc, ayant tiré de sa poche son couteau... Je veux dire mon drap... Non je dis bien, son couteau... il... il... il... il... le mit comme ceci sous sa robe, et l'emporta chez lui, et ce matin, au lieu de me payer mes trente écus, me nie drap et argent.

M. PATELIN, *riant.*

Ah ! ah ! ah !

M. BARTOLIN, *à M. Guillaume.*

A vos moutons, vous dis-je, à vos moutons.

M. PATELIN, *riant.*

Ah ! ah ! ah !

M. BARTOLIN, *à M. Guillaume.*

Ouais ! vous êtes hors de sens, monsieur Guillaume : rêvez-vous ?

M. PATELIN.

Vous voyez, monsieur, qu'il ne sait ce qu'il dit.

M. GUILLAUME.

Je le sais fort bien, monsieur. Il m'a volé six vingts moutons, et ce matin, au lieu de me payer trente écus pour six aunes de drap, couleur de marron, il m'a payé de papillons noirs, la nymphe Calipot, ta ral la, ma commère, quand je danse. Que diable sais-je encore ce qu'il est allé chercher !

M. PATELIN, *riant.*

Ah ! ah ! ah ! il est fou, il est fou !

M. BARTOLIN, *à M. Guillaume.*

En effet... Tenez, monsieur Guillaume, toutes les cours du royaume ensemble ne comprendront rien à votre affaire. Vous accusez ce berger de vous avoir volé six vingts moutons, et vous entrelardez là-dedans six aunes de drap, trente écus, des papillons noirs, et mille autres balivernes. Eh ! encore une fois, revenez à vos moutons, ou je vais relaxer ce berger. Mais j'aurai plus tôt fait de l'interroger moi-même. (*A Agnelet*) Approche-toi : comment t'appelles-tu ?

AGNELET.

Bée...

M. GUILLAUME, *à M. Bartolin.*

Il ment, il s'appelle Agnelet.

M. BARTOLIN.

Agnelet ou Bée, n'importe. (*A Agnelet.*) Dis-moi,

est-il vrai que monsieur t'avait baillé en garde six cents moutons ?

AGNELET.

Bée...

M. BARTOLIN.

Ouais ! la crainte de la justice te trouble peut-être. Ecoute, ne t'effraye point. Monsieur Guillaume t'a-t-il trouvé de nuit tuant un mouton ?

AGNELET.

Bée...

M. BARTOLIN.

Oh ! oh ! que veut dire ceci ?

M. PATELIN.

Les coups qu'il lui a donnés sur la tète lui ont troublé la cervelle.

M. BARTOLIN, *à M. Guillaume.*

Vous avez grand tort monsieur Guillaume.

M. GUILLAUME.

Moi, tort ? l'un me vole mon drap, l'autre mes moutons : l'un me paie de chansons, l'autre de bée ; et encore, morbleu ! j'aurais tort ?

M. BARTOLIN.

Oui, tort : il ne faut jamais frapper, surtout à la tête.

M. GUILLAUME.

Oh ! ventrebleu ! il était nuit, et quand je frappe, je frappe partout.

M. PATELIN, *à M. Bartolin.*

Il avoue le fait, monsieur, *habemus confitentem reum.*

M. GUILLAUME.

Oh ! va, va, *confitareum*, tu me paieras mes six aunes de drap, ou le diable t'emportera !

M. BARTOLIN.

Encore du drap ? On se moque ici de la justice. Hors de cour et de procès, sans dépens.

M. GUILLAUME.

J'en appelle. *(A M. Patelin.)* Et pour vous, monsieur le fourbe, nous nous reverrons.

(Il s'en va.)

SCÈNE III.

M. BARTOLIN, M. PATELIN, AGNELET.

M PATELIN, *à Agnelet.*

Remercie monsieur le juge.

AGNELET.

Bée.... bée...

M. BARTOLIN.

En voilà assez. Va vite te faire trépaner, pauvre malheureux !

(Il s'en va.)

SCÈNE IV.

M. PATELIN, AGNELET.

M. PATELIN.

Oh ! ça, par mon adresse, je t'ai tiré d'une affaire où il y avait de quoi te faire pendre : c'est à toi maintenant à me bien payer, comme tu m'as promis.

AGNELET.

Bée...

M. PATELIN.

Oui, tu as fort bien joué ton rôle ; mais, à présent, il me faut de l'argent, entends-tu ?

AGNELET.

Bée...

M. PATELIN.

Eh ! laisse-là ton bée. Il n'est plus question de cela ; il n'y a ici que toi et moi : veux-tu me tenir ce que tu m'as promis et me bien payer ?

AGNELET.

Bée....

M. PATELIN.

Comment, coquin, je serais la dupe d'un mouton vêtu ? Tête-bleu ! tu me paieras, ou...

(*Agnelet s'enfuit.*)

SCÈNE V.

M. PATELIN, *seul.*

Il faut avouer que ce berger est un rusé coquin ! il m'a toujours trompé moi-même, moi qui trompe quelquefois les autres Mais je le lui pardonne, si, par son adresse, il m'aide à payer monsieur Guillaume sans bourse délier. Les coups qu'il fait semblant d'avoir à la la tête sont un moyen sûr. Agnelet a dit au juge qu'il s'allait faire trépaner. Il est mort dans l'opération, et c'est monsieur Guillaume qui l'a tué. Allons faire la leçon à ce rusé berger.

SCÈNE VI.

M. BARTOLIN, *seul.*

Il faut avouer que ce monsieur Guillaume a été bien brutal. Frapper un homme sur la tête au point de l'obliger à se faire trépaner !

SCÈNE VII.

M. BARTOLIN, M. PATELIN.

M. PATELIN.

Ah ! quel malheur !

M. BARTOLIN.

Qu'est-il donc arrivé ?

M. PATELIN.

Ce pauvre Agnelet est allé se faire trépaner, il est mort dans l'opération ; et c'est monsieur Guillame qui l'a tué.

M. BARTOLIN.

Que me dites-vous là ? le pauvre garçon ! voilà une mort bien prompte !

M. PATELIN.

Méchante affaire pour monsieur Guillaume.

M. BARTOLIN.

Je ferai justice. Il sera pendu. Je vais donner un décret de prise de corps, et ordre qu'on me l'amène ici. Je vais cependant, pour la forme, visiter le corps mort chez le chirurgien. Je reviens dans un moment.

SCÈNE VIII.

M. PATELIN, *seul.*

De peur qu'il ne découvrît tout, s'il ne trouvait pas le mort, Agnelet, d'intelligence avec le chirurgien, a ajusté dans le lit une certaine tête qui fera fuir le juge au plus vite ; et pour que personne ne rencontre dans le village le rusé berger, il est allé se cacher dans le grenier à foin d'un de nos voisins, d'où il ne sortira que quand mon affaire avec monsieur Guillaume sera réglée. C'est le seul payement que j'ai pu tirer d'Agnelet !...

SCÈNE IX.

M. BARTOLIN, M. PATELIN.

M. BARTOLIN.

Non, de ma vie, je n'ai vu une tête d'homme comme celle-là ; les coups ou le trépan l'ont entièrement défigurée ; elle n'a pas seulement la figure humaine, et je n'ai pu la voir un moment sans en détourner la vue.

M. PATELIN.

Que je plains le pauvre monsieur Guillaume ! c'était un bon homme ; il y avait plaisir à avoir affaire avec lui.

M. BARTOLIN.

Je le plains aussi ; mais que faire ? Voilà un homme mort, et il faut que justice se fasse.

M. PATELIN.

N'y aurait-il pas quelque expédient honnête ? Le fils de monsieur Guillaume est l'intime ami du mien ; il lui a fait quelques cadeaux qui ont été l'occasion de l'accident d'Agnelet. Si monsieur Guillaume voulait ne plus se fâcher de la générosité de son fils, et s'il consentait à me donner quittance du drap que je lui ai acheté, tout le monde ne serait-il pas content ?

M. BARTOLIN.

Ce n'est pas mal imaginé ; car M. Guillaume n'a pas eu l'intention de tuer ce berger.

M. PATELIN.

C'est prendre les voies de la douceur.

M. BARTOLIN.

Avant que de le mettre en prison, on doit me l'amener ; il faut que je lui en parle moi-même.

M. PATELIN.

Et moi, pour la forme, je vais faire dresser un mot de quittance, que vous lui ferez signer, s'il vous plaît.

(Il sort.)

SCÈNE X.

M. GUILLAUME, DEUX RECORS, M. BARTOLIN.

M. BARTOLIN, *à M. Guillaume.*

Ah ! vous voici ? Eh bien ! vous savez, monsieur Guillaume, pourquoi on vous a arrêté ?

M. GUILLAUME.

Oui, ce coquin d'Agnelet dit qu'il est mort.

M. BARTOLIN.

Il l'est véritablement ; je viens de le voir moi-même, et vous avez avoué le fait.

M. GUILLAUME.

Peste soit de moi !

M. BARTOLIN.

Oh ! çà, j'ai une chose à vous proposer : il ne tient qu'à vous de sortir d'affaire et de vous en retourner chez vous en liberté.

M. GUILLAUME.

Il ne tient qu'à moi ? serviteur donc.

M BARTOLIN.

Oh ! attendez : il faut savoir auparavant si vous aimez mieux laisser votre fils fréquenter Henri Patelin, et donner quittance au père du drap qu'il vous doit que d'être pendu.

M. GUILLAUME.

Belle proposition ! je n'aime ni l'un ni l'autre.

M. BARTOLIN.

Je m'explique : vous avez tué Agnelet, n'est-il pas vrai ?

M. GUILLAUME.

Je l'ai battu ; s'il est mort, c'est sa faute.

M. BARTOLIN.

C'est la vôtre. Ecoutez. Monsieur Patelin a un fils sage.

M. GUILLAUME.

Oui, et gueux comme lui.

M. BARTOLIN.

Votre fils l'aime beaucoup.

M. GUILLAUME.

Et que m'importe ?

M. BARTOLIN.

Il ne sera pas donné suite à l'affaire, si vous consentez à ce que votre fils le fréquente, et, comme preuve de consentement, si vous faites cadeau à monsieur Patelin du drap qu'il vous doit en lui donnant quittance.

M. GUILLAUME.

Je n'y consens point.

M. BARTOLIN, *aux recors.*

Qu'on le mène en prison.

M. GUILLAUME.

En prison !... Mogrebleu !... Laissez-moi, au moins, aller dire chez moi qu'on ne m'attende point.

M. BARTOLIN, *aux recors.*

Ne le laissez pas échapper.

SCÈNE XI.

M. PATELIN, HENRI, VALÈRE, M. BARTOLIN, M. GUILLAUME, DEUX RECORS.

M. PATELIN, *à M. Bartolin.*

Voilà le contrat... (*A M. Guilllaume.*) Monsieur, sur e malheur qui vous est arrivé, toute ma famille vient vous offrir ses services.

M. GUILLAUME, *à part.*

Que de patelineurs !

M. BARTOLIN.

Allons, voici toutes les parties, expliquez-vous vite : voulez-vous sortir d'affaire ?

M. GUILLAUME.

Oui.

M. BARTOLIN, *lui présentant le contrat.*

Signez ce contrat.

M. GUILLAUME.

Je n'en veux rien faire.

M. BARTOLIN, *aux recors.*

En prison, et les fers aux pieds.

M GUILLAUME.

Les fers aux pieds !... Tubleu ! comme vous y allez !

M. BARTOLIN.

Ce n'est encore rien ; je vais tout à l'heure vous faire donner la question.

M. GUILLAUME.

Donner la question !

M. BARTOLIN.

Oui, la question ordinaire et extraordinaire, et, après cela, je ne puis éviter de vous faire pendre.

M. GUILLAUME.

Pendre, miséricorde !

M. BARTOLIN.

Signez donc. Si vous différez un moment, vous êtes perdu ; je ne pourrai plus vous sauver.

M. GUILLAUME.

Juste ciel ! que faut-il faire ? *(Il signe.)*

M. BARTOLIN.

Je l'ai ouï dire à un fameux médecin ; les coups à la

tête sont dangereux comme le diable... *(Après que M. Guillaume a signé.)* Voilà qui est bien. Je vais jeter au feu la procédure ; et je vous en félicite.

M. GUILLAUME.

Oui, j'ai fait aujourd'hui de belles affaires !

M. PATELIN.

L'honneur de votre amitié...

M. GUILLAUME, *l'interrompant.*

Ne vous coûte guères.

VALÈRE.

Mon père je vous proteste...

M. GUILLAUME, *l'interrompant.*

Va-t-en au diable !

HENRI.

Monsieur, je suis fâché....

M. GUILLAUME, *l'interrompant.*

Et moi aussi.

SCÈNE XII.

UN PAYSAN, AGNELET, M. BARTOLIN, M. PATELIN, M. GUILLAUME, VALÈRE, HENRI, DEUX RECORS.

LE PAYSAN, *à Agnelet.*

Marche, marche, de par le roi.

AGNELET.

Miséricorde !

M. GUILLAUME.

Ah, traitre, tu n'es pas mort ? Il faut que je t'étrangle ; il ne m'en coûtera pas davantage.

M. BARTOLIN.

Attendez. (*Au paysan.*) D'où sort ce fantôme ?

LE PAYSAN.

J'avons trouvé ce voleur dans notre grenier; par quoi je le mène en prison.

M. BARTOLIN, *à Agnelet.*

Ouais ! tu n'as plus de coups à la tête ?

AGNELET.

Ma fi, non.

M. BARTOLIN.

Qu'est-ce donc qu'on m'a fait voir dans un lit chez le chirurgien ?

AGNELET.

C'était une tête de viau, monsieur.

M. GUILLAUME, *à M. Bartolin.*

Allons, puisqu'il n'est pas mort, rendez-moi ce contrat, que je le déchire.

M. BARTOLIN.

Cela est juste.

M PATELIN, *à M. Guillaume.*

Oui, en me payant un dédit qui contient dix mille écus.

M. GUILLAUME.

Dix mille écus ! Il faut bien, par force, que je laisse la chose comme elle est ; mais vous me paierez les trois cents écus de votre père ?

M. PATELIN.

Oui, en me portant son billet.

M. GUILLAUME.

Son billet ? Au moins, je tâterai de l'oie ?

M. PATELIN.

Nous l'avons mangée à dîner.

M. GUILLAUME.

A dîner ? (*Montrant Agnelet.*) Oh ! ce scélérat paiera pour tous, et sera pendu.

VALÈRE.

Non, mon père, il est temps de l'avouer, il n'a rien fait que par mon ordre.

M. GUILLAUME.

Me voilà bien payé de mon drap et de mes moutons.

FIN DE L'AVOCAT PATELIN.

Douai (Nord). — Imprimerie Dechristé.

www.ingramcontent.com/pod-product-compliance
Lightning Source LLC
LaVergne TN
LVHW010603110826
845149LV00003B/757

* 9 7 8 2 0 1 2 7 2 7 1 2 0 *